Platão

FUNDAÇÃO EDITORA DA UNESP

Presidente do Conselho Curador
Herman Jacobus Cornelis Voorwald

Diretor-Presidente
José Castilho Marques Neto

Editor-Executivo
Jézio Hernani Bomfim Gutierre

Assessor Editorial
Antonio Celso Ferreira

Conselho Editorial Acadêmico
Alberto Tsuyoshi Ikeda
Célia Aparecida Ferreira Tolentino
Eda Maria Góes
Elisabeth Criscuolo Urbinati
Ildeberto Muniz de Almeida
Luiz Gonzaga Marchezan
Nilson Ghirardello
Paulo César Corrêa Borges
Sérgio Vicente Motta
Vicente Pleitez

Editores-Assistentes
Anderson Nobara
Arlete Zebber

Jean-François Mattéi

PLATÃO

Tradução
Maria Leonor Loureiro

© Presses Universitaires de France, 2005
© 2010 da tradução brasileira

Direitos de publicação reservados à:
Fundação Editora da UNESP (FEU)
Praça da Sé, 108
01001-900 – São Paulo – SP
Tel.: (0xx11) 3242-7171
Fax: (0xx11) 3242-7172
www.editoraunesp.com.br
www.livrariaunesp.com.br
feu@editora.unesp.br

CIP – Brasil. Catalogação na fonte
Sindicato Nacional dos Editores de Livros, RJ

M387p

Mattéi, Jean-François, 1941-
    Platão/Jean-François Mattéi; tradução Maria Leonor
Loureiro. – São Paulo: Editora UNESP, 2010.
    194p.

    Tradução de: Platon
    Inclui bibliografia
    ISBN 978-85-393-0056-3

    1. Platão, 427-347 a.C. 2. Filosofia antiga. 3. Dialética.
4. Filosofia – História. I. Título.

10-3211.   CDD: 184
                                                  CDU: 1(38)

Editora afiliada:

Asociación de Editoriales Universitarias
de América Latina y el Caribe

Associação Brasileira de
Editoras Universitárias

Sumário

Introdução
Parodos. O sentido da Terra   7

1 *Pathos*. As duas provas do filósofo   13

2 *Logos*. A arte dialética   41

3 *Eidos*. A teoria das ideias   69

4 *Cosmos*. A ordem do mundo   99

5 *Nomos*. A cidade   129

6 *Muthos*. A lição do mito   157

Conclusão - Exodos   185

Referências bibliográficas   189

Introdução

Parodos.
O sentido da Terra

Poderia ser uma narração de Kafka ou um conto de Borges. Um dia, um homem acorda e olha a sua volta com o olhar vazio. Tudo está na penumbra. Seus companheiros murmuram como habitualmente e falam do que veem, ao fundo, na tela rochosa. As sombras verticais, flexíveis e ágeis, encadeiam-se umas às outras e acompanham com seu movimento a curva de seus desejos. Só ele permanece incerto. Sente-se perturbado, menos pelo desenho das sombras que pelas conversas daqueles que procuram adivinhar o que está por vir. Ele não tem mais vontade de falar desses tremores furtivos que deslizam pela muralha. Não fecha os olhos nem olha para outro lugar; contenta-se em deter um instante o fluxo das sombras pelo qual seu espírito – é assim que ele o chama – é embalado desde sempre. Desde sempre, mas e antes? Ele se lembra confusamente de outra coisa, e seu mal-estar aumenta. É um estranho mal-estar. Não é mais a fome ou a sede que outros homens vinham satisfazer sem se desviar do espetáculo familiar, e que não lhes diziam nem uma palavra. Um movimento diferente o agita, como se ele reconhecesse alguma coisa que nunca viu. Ele se lembra, e se espanta, pela primeira vez, com o que nunca pensou.

Ele está de pé agora e, sem saber como, sua cabeça gira. Avança, tropeça e cai, mas volta a ficar ereto como se uma mão invisível acabasse de levantá-lo. Apesar da queda, que se repetirá muitas vezes, a sensação não é desagradável; é, sobretudo, curiosa, insinuante também, e o impele a se reerguer a cada vez e a avançar. Ele compreende por si mesmo que está aprendendo a andar e, rapidamente, eis sua maior surpresa, ele compreende que compreende; ou melhor, ele diz a si mesmo que aprende o que aprende como se seus gestos se refletissem em seu pensamento antes que seu pensamento se reflita em si próprio. Fica deslumbrado com isso e para. Não se dera conta, mas, de tanto passar por cima dos corpos estendidos, esqueceu-se de seus protestos, esqueceu-se até mesmo das sombras, atrás dele, para se encontrar diante de uma parede de pedra. Não procura saída, pois não sabe o que é isso, e se contenta em seguir a parede à sua direita, tocando-a levemente com as mãos, como se encontrasse em si a medida de suas forças. E depois, subitamente, está do outro lado da parede que adivinha atrás de si, subindo uma encosta cada vez mais íngreme e cada vez mais clara. Ainda não distingue o caminho que sobe e a claridade que o envolve. É outra coisa, um-caminho--que-sobe-na-claridade, e ele está contente consigo mesmo porque, avançando, pensa o claro-caminho e pensa, sem esforço, que pensa o claro-caminho. O esforço consiste em subir, não em pensar.

Ele ultrapassou a luz que aquece, sem se voltar, pois tem a ideia de outro fogo e de outro calor. É completamente estranho, ele se diz outra vez, e está feliz por formular esse pensamento, mas está seguro de que lá em cima – ele não sabe muito bem o que quer dizer "lá em cima" – verá outra fonte de luz. Talvez seja o fogo que o faz pensar na grande luz, ou a grande luz que lhe permitiu reconhecer o fogo. Pouco importa. Ele sabe, e agora não ignora que sabe, que quanto mais avança, mais as coisas se iluminam. E compreende que a iluminação é menos uma intensidade do que uma abertura, que permite trazer a sombra para a claridade. Lembrando-se das sombras lá embaixo, das quais gostou por muito tempo antes de se cansar delas, diverte-se forjando a imagem de um "claro-escuro". Como alguma coisa pode ser ao mesmo tempo escura, como as sombras de antigamente, e clara, como o caminho de hoje e as pedras ao longo do caminho? Como as sombras podem ter uma linha de claridade que as separa umas das outras e da parede, e como as pedras, por sua vez, podem produzir uma linha de sombra que as distingue de si mesmas e do solo? Ele se dá conta, pouco a pouco, que a linha de demarcação está nele, mas que ele não é seu autor.

Ele parou subitamente, no alto, pois a luz era intensa demais. E, pela primeira vez havia dias, desviou os olhos. Não para protegê-los ou descansá-los, mas para pensar o que havia de mais luminoso. E pensará muito tempo, posteriormente, percorrendo o mundo superior, sobre essa terra de cima, cujo sentido pressentia. Ele pensará sobre o que há de mais luminoso e saberá que o pensamento do mais luminoso não é, entretanto, o que há de mais luminoso. A luz é o que ultrapassa todas as coisas e, ultrapassando-as, oferece-lhes suas franjas e seus contornos. Ele voltará a descer a sua caverna, mais tarde, e entrará nela com a cabeça rumorejante de sol, porque se sabe chamado pelo escuro. Não se esqueceu da sombra, definitivamente, porque ela o faz pensar na luz, na sua proibição de sair, e porque ela foi a primeira a fazê-lo pensar em outra coisa quando despertou. Descendo para o meio dos seus, ele suscita zombarias e gracejos, em breve a cólera e o ódio. Não lhes dá atenção. Sabe que sua história terá um fim, pressentido desde o despertar e que, se morrer entre as sombras, será por ter experimentado a luz.

Como mais tarde, mas isso ele não saberá, um outro homem será morto pelos seus, em uma manhã incerta, atingido no coração duas vezes por uma faca, ele aceitará morrer sem protestar. Seu circuito celeste terá dado a ele somente o gosto da terra natal, do qual toda memória está impregnada.

1
Pathos.
As duas provas do filósofo

Procurou-se o lugar da caverna em Creta, em Santorino ou em outros lugares, assim como se encontrou a localização da Atlântida no Mediterrâneo, no Atlântico ou em uma galáxia distante. Fazê-lo era equivocar-se sobre o ensinamento de Platão. A caverna era tão somente Atenas, onde morreu o filósofo, mas nasceu a filosofia, e Atlantis apresentava-se como o espelho invertido da cidade ideal. Toda a vida de Platão extraiu seu sentido da morte de Sócrates e da ausência de reconhecimento dos homens. Os sofistas, com os quais a cidade confundiu o mestre de Platão, eram esses homens libertados que, protegidos pelo muro, produziam as miragens com as quais inebriavam os prisioneiros. Cuidavam deles e alimentavam-nos com suas palavras, mas sem desatar-lhes as amarras. Se Sócrates jamais deixou a caverna, como jamais deixou sua pátria, Platão foi o primeiro a passar pela prova do estrangeiro, afastando-se do mundo natal para experimentar seu sentido. Foi sem dúvida esse estímulo que o impeliu para as costas do Egito ou de Siracusa, mesmo que ele tenha acabado por fundar a Academia em Atenas, ou seja, no próprio âmago da caverna.

I – A vida de Platão

Platão nasceu em Atenas, ou muito perto, em Egina, durante a 88ª Olimpíada (428-427 a.C.), pouco depois da morte de Péricles e no início da guerra do Peloponeso. Seu nascimento ocorreu no sétimo dia do mês de Targélion, dia do aniversário de Apolo, enquanto o de Sócrates caía no sexto dia do mesmo mês, aniversário de Ártemis, a gêmea de Apolo e padroeira dos partos. Os deuses presidiram assim ao nascimento da filosofia, ainda mais porque a genealogia de Platão não deixava nada a dever. Filho de Aristão, o jovem Arístocles – cujo apelido de *Platôn se* deve à sua "larga" estatura – descendia por parte de pai de Codros, o último rei de Atenas. A mãe, Perictione, era neta de um Crítias, cujo bisavô era Drópides, um amigo de Sólon, o qual, por sua vez, remontava a Posêidon, e prima de Crítias, um dos Trinta Tiranos, sem dúvida o narrador do diálogo epônimo; Crítias, o Jovem, teria recebido a narração da Atlântida da boca de seu avô, Crítias, o Velho. Platão, que teve dois irmãos, Adimanto e Glauco, e uma irmã, Potone, nasceu em uma família aristocrática de alta linhagem, tendo alguns de seus parentes, Crítias e Cármide, desempenhado papel determinante na tirania dos Trinta, que derrubou a democracia em 401. Admitido no círculo socrático depois de ter seguido os ensinamentos do heraclitiano Crátilo e do parmenidiano Hermógenes, Platão ficou transtornado pela condenação de Sócrates por ocasião do retorno dos democratas. Entretanto, Sócrates recusara-se a obedecer aos Trinta e a prender, com quatro de seus concidadãos, um partidário dos democratas, Leon, então refugiado em

Salamina. Com a morte de Sócrates, em 399, Platão refugiou-se em Mégara junto a Euclides e seu grupo de lógicos (Eubúlides, Stilpon, Diodoro Cronos), antes de participar da batalha de Corinto, em 394, em que os atenienses foram derrotados pelos espartanos. Empreendeu em seguida uma longa viagem ao Egito e depois à Cirenaica, onde conheceu Aristipo, o porta-voz do hedonismo, e o matemático Teodoro, o teórico das grandezas irracionais que se encontram no *Teeteto*, no *Sofista* e em *O Político*. Teria alcançado então a Magna Grécia e encontrado, em Tarento, o pitagórico Arquitas, filósofo, matemático e estadista. Diógenes Laércio reporta que Platão teria comprado, posteriormente, por quarenta minas de prata, uma obra de Filolau de Crotona, o mais célebre dos sábios pitagóricos. Trata-se, sem dúvida, de um testemunho tardio dos neoplatônicos. É dessa época, de 399 a 387, que datam os diálogos aporéticos de juventude: *Hípias menor*, *Primeiro Alcibíades*, *Apologia*, *Eutífron*, *Críton*, *Íon*, *Hípias maior*, *Cármide*, *Laques*, *Lísis* e *Protágoras*.

Platão é reencontrado em 388, na Sicília, na corte de Dionísio I, o Velho, tirano de Siracusa, que, com pretensões filosóficas, dera a suas três filhas o nome de Dikaiosyne (Justiça), Sophrosyne (Temperança) e Areté (Virtude). Platão tentou convencer Dionísio a instaurar um governo justo, mas sem sucesso; foi então que estabeleceu laços de amizade com Dion, primo e cunhado de Dionísio. Essa primeira experiência durou somente alguns meses, e Dionísio expulsou Platão, fazendo-o embarcar à força em um navio espartano. Conta-se que o barco fez escala em Egina, aliada de Esparta contra Atenas, e que os lacedemônios puseram o filósofo à venda como escravo. Felizmente, Aniceris de Cirene reconheceu-o e comprou-o para lhe devolver a liberdade pagando vinte minas. Dion teria enviado o dinheiro, mas Aniceris não o guardara e teria oferecido a Platão para comprar a área da futura Academia.

Voltando a Atenas, em 387, Platão adquiriu um bosque sagrado de oliveiras situado na estrada de Elêusis, a noroeste da cidade, perto de Colona, e consagrado ao herói Academus, que revelara a Castor e Pólux o lugar onde Teseu retinha sua irmã Helena. Platão deu o nome desse herói à comunidade que fundou segundo o modelo dos círculos pitagóricos da Magna Grécia. A *Akademia* foi, assim, a primeira escola de "filosofia" – o termo vem do meio platônico – e se apresentou como uma universidade primitiva, dotada de regulamento, orçamento, salas de aula e um edifício consagrado às Musas, o *Museion*, ladeando uma biblioteca. O chefe da Escola, ou *Escolarca*, dirigia o conjunto dos pesquisadores e dos estudantes. Apesar de algumas interrupções e de uma mudança de lugar que a estabeleceu no ginásio de Ptolomeu, a Academia subsistiu até 529 da era cristã, quando Justiniano fechou as escolas de Atenas. Ela recebia filósofos e sábios, como Espeusipo, o sobrinho de Platão, que dirigiu a Escola após a morte deste, Xenócrates de Calcedônia, que sucedeu ao precedente, Felipe d'Oponte, que editou *As Leis* e escreveu *Epínomis,* Heráclides do Ponto, que foi escolarca algum tempo por ocasião da última viagem de Platão à Sicília, Hermodoro de Siracusa, ou ainda os matemáticos Teeteto e Eudoxo de Cnido, sem esquecer do mais célebre deles, Aristóteles, que permaneceu na Academia vinte anos antes de fundar o Liceu. Os ditos diálogos de transição datam deste período, entre 387 e 380: *Górgias, Fédon, Menon, O Banquete, Fedro, Eutidemo, Menéxenes, Crátilo,* assim como o primeiro livro de *A República* (ou *Trasímaco*).

Com a morte de Dionísio, o Velho, em 367, Platão fez a segunda viagem a Siracusa, a pedido de Dion, para aconselhar o filho do precedente, Dionísio II, o Jovem, que subiu ao trono com trinta anos. A aventura mudou repentinamente e Dionísio, em vez de se sujeitar às lições de Platão, viu nele e em Dion conspiradores. Dion, logo banido, refugiou-se em Atenas, enquanto Platão ficou retido na cidadela de Ortígia antes de ser autorizado a partir outra vez. Ele se comprometeu, porém, a retornar se Dionísio chamasse de volta Dion para a sua corte. Seis anos mais tarde, em 361-360, Platão fez uma última viagem à Sicília, acompanhado de alguns discípulos, mas não obteve sucesso em defender a causa de seu amigo junto ao tirano. Ele conseguiu recuperar a liberdade devido à intervenção insistente de Arquitas. Ao voltar, Platão encontrou Dion em Olímpia, em 360, na ocasião dos Jogos, mas não se juntou à sua expedição para destronar o tirano. Se Dion conseguiu tomar Siracusa com seus navios e seu exército, e depois instaurar um regime tão tirânico quanto o precedente, o caso, porém, acabou em sangue: Dion foi assassinado em 354, após três anos de reinado, por seu amigo Calipo, um discípulo de Platão. A escolha do despotismo esclarecido, que fascinou os filósofos ulteriores, desembocou em um desastre total. Ele justifica a constatação amarga de Platão: "O gênero humano não porá fim a seus males antes que a raça daqueles que, na retidão e na verdade, se consagram à filosofia tenha acedido à autoridade política ou que aqueles que estão no poder nas cidades se consagrem verdadeiramente à filosofia, em virtude de alguma atribuição divina" (326a-b).

Platão morreu em 347, com oitenta anos, no momento do declínio da democracia ateniense. Dez anos após sua morte, as cidades gregas foram anexadas ao império de Felipe da Macedônia, e depois ao de Alexandre. Os escritos da velhice do filósofo, entre 380 e 347, estão entre os mais difíceis: a trilogia *Teeteto, Sofista, O Político*, precedida de *Parmênides, Timeu* e *Crítias, Filebo, As Leis*, e a *Sétima carta*, que foi reconhecida como autêntica entre as 13 cartas que estão sob o nome de Platão. Ignora-se a ordem exata de composição dos 28 diálogos (entre os quais um monólogo, a *Apologia*) que chegaram até nós, sete diálogos considerados duvidosos (o *Segundo Alcibíades, Hiparco, Os Rivais, Theages, Clitófon, Minos* e *Epínomis*), sendo os outros escritos considerados apócrifos (*Axíoco, Da Justiça, Da Virtude, Demódoco, Sísifo, Eríxia*, assim como as *Definições*).

II – A morte de Sócrates

No dia do processo de Sócrates, Platão subiu à tribuna e dirigiu-se a seus concidadãos nestes termos: "Eu que sou o mais jovem, atenienses, de todos aqueles que a esta tribuna subiram (*anabanton*)...". Mas foi interrompido pelos juízes que, tomando suas palavras ao pé da letra, lhe gritaram rindo: "... desceram!". Faziam-lhe, assim, compreender que ele devia descer (*katabainein*) do tribunal e se ocupar de seus assuntos. Essa recusa a ouvir um amigo do acusado mostrava ao povo reunido que a decisão estava tomada. Aquele que Platão chamava de "o homem melhor e, além disso, o mais sábio e o mais justo dos homens" (*Fédon*, 118a) foi condenado à morte e executado em nome dos interesses da cidade. Essa cena, exemplar para o filósofo, ritma a *anábase* e a *catábase*, a subida para o sol e a nova descida à caverna. A *Sétima carta*, dirigida aos amigos de Dion, confiará que a condenação de seu mestre foi o instante decisivo em que tudo mudou na vida de Platão. Ele ainda acreditava que havia justiça e que era possível educar os homens. Mas as violências que agitaram Atenas cristalizaram perenemente sua revolta, que culminou com o processo de Sócrates. Em 399, Meleto, um poeta trágico, apresentou no Pórtico Real uma queixa pública contra Sócrates, com o apoio de Ânito, um político, e do retor Lícon. O arconte-rei transmitiu o dossiê ao tribunal de Heliada com três acusações: Sócrates não reconhecia os deuses da cidade; Sócrates introduzia divindades novas; Sócrates corrompia os jovens. O processo comportava duas votações sucessivas, uma sobre a culpabilidade do acusado, a outra sobre a pena a ser aplicada. Após a primeira deliberação, Sócrates foi julgado culpado por maioria de sessenta votos. Quando lhe pediram que propusesse a pena e o montante da multa, ele se declarou inocente e sugeriu que o instalassem por toda a vida no Pritaneu, o edifício público onde se mantinha o fogo da cidade.

Na segunda votação, os juízes pronunciaram a sentença de morte por forte maioria. Sócrates, recusando a ajuda de seus amigos para se evadir, bebeu a cicuta na presença de seus companheiros, depois de ter esperado por um mês o retorno do navio que levava a peregrinação a Delos para festejar a vitória de Teseu. A indignação perante a condenação daquele que o oráculo de Delfos considerava o mais sábio dos homens determinou a entrada de Platão na filosofia. Ele se mostrou ainda mais revoltado porque os democratas fizeram perecer aquele que poupara um dos deles, na época em que os próprios democratas foram banidos de Atenas. Platão tirará, então, a conclusão filosófica do escândalo de tal injustiça. Todas as cidades, sem exceção, têm um mau regime político, e tanto sua legislação quanto sua moralidade estão corrompidas a tal ponto que seu estado se revela incurável. "Fui necessariamente levado a dizer, em um elogio da reta filosofia, que é graças a ela que se pode reconhecer tudo o que é justo tanto nos assuntos da cidade quanto nos dos particulares" (*Sétima carta*, 326a).

A *aganaktesis* é este *axioma* de revolta que adquire um alcance universal perante o caso singular de um ultraje feito à *dignidade*, ou *axioma*, de um ser humano que pode chegar até sua morte. Assim, segundo o *Górgias*, se um homem mau faz perecer um homem de bem, é "isso mesmo que é motivo para se indignar (*to aganaktéton*)" (511b). No *Menéxenes*, o discurso de Aspásia relembra que, no fim da guerra, Atenas conheceu, enfim, a paz "indignando-se (*aganaktoûsa*)" contra as outras cidades que não haviam reconhecido o sacrifício dos atenienses em sua luta contra os persas. Mas o texto principal sobre a indignação que funda a teoria platônica da alma encontra-se no livro X de *A República*. Sócrates estabelecera previamente, em paralelo com as três classes da cidade, que a alma humana se divide em três instâncias distintas que têm lugar em três partes do corpo: no nível superior da cabeça, a razão, que permite ao homem adquirir o saber; no meio, a cólera, que impele o coração a seus arrebatamentos; embaixo, no ventre, o desejo, que força a buscar os prazeres mais diversos.

Essas três funções da alma não se podem reduzir a uma só sem violar o princípio de contradição, segundo o qual uma mesma realidade não pode exercer e sofrer ações contrárias sob a mesma relação e a respeito do mesmo objeto. Ora, a alma humana entra incessantemente em conflito consigo mesma porque dois princípios opostos determinam suas atividades. Aquele que conduz seus raciocínios, o princípio de lógica, *to logistikon*, e aquele que dirige seus desejos, o princípio do prazer, *to épithumétikon*. Entre a razão e a concupiscência, nenhum acordo é possível. Para que uma ação humana seja levada a bom fim, é preciso, necessariamente, que uma mediação intervenha entre os dois extremos. É esse o papel da "cólera", *hé orgê*, que designa um fervilhar irresistível da alma que faz a *prova*, ou o *pathos*, da indignação. É o que afeta Leôncio, voltando do Pireu para Atenas, quando vê um monte de cadáveres em um lugar de suplícios. Ele sente ao mesmo tempo a vontade irresistível de vê-los e uma repugnância igualmente forte de fazê-lo. Depois de lutar consigo mesmo, não aguenta mais e, com os olhos muito abertos, correndo para os mortos, exclama: "Aqui tendes, gênios do mal, saciai-vos deste belo espetáculo!" (*A República*, IV, 439-440). A afeição espontânea do coração se opõe ao desejo que violenta a alma inteira, e se coloca ao lado da razão.

O ardor do sentimento experimentado toma aqui o nome de "resolução corajosa", *to thumœides*. É ao retomar essas distinções psicológicas que Platão assimila, então, a este ardor moral a faculdade da indignação, *to aganaktetikon* (*A República*, X, 604e, 605a). Ela se opõe ao caráter moderado da razão, que deve permanecer senhora de si mesma, tanto quanto ao princípio do prazer, que não conhece nenhum limite. Erguendo-se contra o mal, do qual sente a perversidade, e ao mesmo tempo a sedução, a alma preserva a possibilidade de a razão afirmar sua dignidade.

III – Os dois demônios

Quer se considere a situação do prisioneiro da caverna, apegado ao espetáculo das sombras, ou a do homem libertado, que consegue "contemplar", *theasasthai*, o sol em sua própria morada; a das almas que fazem a narração maravilhosa dos "espetáculos", *theas*, que elas viram no céu no mito de Er; ou ainda aquela do iniciado do *Banquete*, que consegue "contemplar" (*theorôn*) o vasto oceano do Belo; ou ainda a das almas dos deuses que, depois de oferecer os "espetáculos" (*theai*) de suas evoluções circulares, vão "contemplar" (*theorousi*) as formas fora do céu (*Fedro*, 247c). A cada vez, Platão usa termos associados à "contemplação", *hé thea*, que significa igualmente o "espetáculo" e "o lugar de onde se olha" para evocar o aspecto *teatral* da alma quando ela está confrontada com a realidade.

Tal espetáculo dá lugar à razão, como modo de conhecimento da realidade verdadeira, mas também à indignação, como reconhecimento do destino injusto infligido a outrem. Se o termo *aganaktésis* está ausente na *Apologia*, na qual é Sócrates que fala, ele retorna no *Fédon*, quando é o discípulo que se exprime. Sócrates declara, com efeito, a seus amigos que não se indignam diante de sua própria morte: "deixo-vos sem experimentar pena nem indignação" (69d). O sentimento de revolta diz respeito somente às testemunhas do drama em uma espécie de distanciamento perante a injustiça do ato que, suspendendo as obrigações da ação, abre caminho para a reflexão ética. A indignação aparece em consequência como mola propulsora da ética primitiva, não diante da injustiça que se sofre, mas perante o espetáculo da injustiça imposta aos outros. Quando Cebes sustenta que cabe aos homens sensatos indignar-se por morrer e aos insensatos se regozijar, Sócrates indica por quatro vezes que a indignação não é permitida ao sábio quando sua vida está em jogo (*Fédon*, 63*b*, 63*c*, 64*a*, 69*d*). Ele não se revolta contra a morte porque mantém a esperança de ir para perto dos deuses e dos defuntos que valem mais do que os homens daqui de baixo. Deve-se, portanto, acreditar que uma verdadeira vida instaurará a retribuição dos atos humanos para que a injustiça não permaneça sem punição, o que equivaleria a admitir a inexistência *de fato* da justiça. Mas, então, de onde seria possível tirar a ideia de uma justiça de *direito* se todos os fatos se revelam injustos? Platão apela para três hipóteses metafísicas para salvaguardar a esperança na justiça e dar uma significação à recusa do mal. Se o homem não é sua alma, se a alma não é imortal, e se uma vida feliz não advém aos homens bons após sua morte, o que é chamado de "justiça" é uma palavra vazia de sentido.

Por conseguinte, filosofar é aprender a morrer (*Fédon*, 81*a*), porque filosofar é revoltar-se contra essa injustiça última que, desprovida de toda salvação, perenizaria as violências anteriores e as reproduziria no circuito infatigável do tempo. Sem a garantia de uma justiça eterna que paira sobre eles, os homens estão devotados ao mal e ao sofrimento, e sua força de alma se esgota em vão em suas indignações. Para que o absoluto da dignidade humana seja cumprido, ele precisa se fundar no absoluto da indignidade: a morte injusta daquele que consagrou sua vida à justiça. À sombra dessa morte anunciada e jamais esperada, o fundamento existencial da ética é bastante metafísico: ele nos mantém no começo desse limite incerto que leva a alma para seu destino de vida.

É, portanto, o filósofo que se indigna, como Cebes, logo que toma consciência de que "o ardor do sentimento", *thumoeides*, essa faculdade mediana entre a razão e o desejo, "toma armas para sustentar o princípio da razão" (*A República*, IV, 440e). Ele impõe, então, uma parada no fluxo dos assuntos cotidianos que permite à consciência apreender-se reflexivamente e estabelecer: a indignação depende do demônio de Sócrates, que põe fim a um ato prestes a começar. No curso de sua apologia, Sócrates confia a seus juízes que "alguma coisa de divino e de demônico" lhe acomete às vezes, desde a infância. O sinal divino consegue parar ou desviar uma ação esboçada. E esse poder de adivinhação se encontra relacionado à alma na passagem do *Fedro* consagrada à voz demônica (242*c*). O demônio de Sócrates é essa força obscura que retém aquele que se prepara para agir, como se ele estivesse submetido a uma proibição exterior. Ele encarna, portanto, no sentido jurídico do termo, a *"suspensão" do pensamento* e, ao mesmo tempo, o princípio de seu movimento, mas o paradoxo é somente aparente. A natureza demônica, da qual um dos rostos se adivinha sob a máscara da indignação, aparece, assim, como o ponto de partida natural da filosofia. Sócrates relembra, com efeito, no *Teeteto*, a lenda de Íris, filha de Thaumas, segundo a qual o conhecimento vem após o espanto, como o arco-íris após a tempestade (155*c-d*). A mensageira dos deuses é aquela que traz aos homens, quando a força obscura do trovão se afastou, as luzes da filosofia. Nesse sentido, o *thaumadzein*, o espanto admirativo perante o mundo, é precisamente o momento inicial da filosofia.

Deve-se, entretanto, reconhecer outra origem à filosofia, a qual, dependendo de uma ruptura análoga, não está mais voltada para o ser, mas para o bem. Ora, diz-se desse bem que está "além do ser", que ultrapassa tudo o que existe na terra e no céu "em poder" e em "dignidade" (*A República*, VI, 509b). Se o bem representa a forma suprema da dignidade, sua negação pelo mal dá necessariamente lugar ao *pathos* de indignação. Como indica a *Sétima carta*, não é a admiração perante o fato de as coisas *serem* o que são que conduziu o discípulo de Sócrates a filosofar, mas a indignação perante o fato de que os homens *não* são o que deveriam ser. Os dois sentimentos possuem configuração afetiva semelhante, a do despertar ou da abertura a outra dimensão da existência. E se o espanto está associado à pessoa de Sócrates, contudo, é a indignação que Platão reconhece como a mola propulsora que o conduziu a filosofar. O demônio do espanto e o demônio da indignação dependem, assim, da mesma estrutura de abertura. Mas, ali onde o demônio do espanto dirige seu olhar admirativo para o interior da alma humana, o demônio da indignação vira seu rosto perturbado para o exterior. Quando a alma se espanta, é a razão que testemunha a verdade do ser e que enuncia sua suspensão para afirmar o processo do conhecimento. Quando a alma se revolta, é o ardor do sentimento perante a injustiça feita ao homem que pronuncia seu julgamento para fortalecer a consciência moral.

IV – O duplo deslumbramento

O filósofo comprova a especificidade de seu procedimento com a ajuda das duas modalidades de suspensão das atividades cotidianas. Elas se manifestam ora por uma suspensão de ordem ontológica que fixa a razão no conhecimento de um ser geral, ora por uma suspensão de ordem moral que atribui a revolta ao sofrimento de uma alma singular. Cada uma das descobertas que o espanto provoca constitui outras tantas renovações do conhecimento, e cada uma das ofensas que suscitam a indignação representa outros tantos restabelecimentos da moral. Quando uma ação má afeta a alma humana, é o mundo inteiro que fica infetado; ele se rebela com a mesma violência que a floresta de Birnam, que se ergue contra Macbeth, arrancando suas raízes presas à terra. Pode-se, legitimamente, falar de uma *indignação cósmica* em Platão quando a justiça, a qual o *Górgias* afirma que ata em uma única comunidade "o céu e a terra, os deuses e os homens" (508a), é injuriada em atos ou palavras. A ilustração mais impressionante encontra-se no epílogo do *Crítias*: quando os atlantes caíram na indecência, Zeus reuniu todos os deuses no centro do mundo e, depois de se dirigir a eles, desencadeou o cataclismo que engoliria a cidade de Atlas.

A figura do demônio personifica as duas formas de abertura ao ser e ao bem de que é constituída a estrutura da alma. Por ser de essência superior, por seu parentesco com as Ideias, a alma pode conhecer tudo, retornando, pelo espanto, a seu ser de origem. Mas, ao mesmo tempo, ela pode julgar tudo assim que a ruptura da indignação a levar a seu próprio fim, a justiça. Em ambos os casos, a alma realiza uma parada que a subtrai ao curso habitual da vida. Essa suspensão da existência leva o nome de *scholê* e define a condição essencial do exercício da filosofia. Traduz-se esse termo por "ócio" e por "escola"; na realidade, *scholê* significa "parada", de *schein*, "parar", depois "repouso" e "ócio". A *scholê* é uma ruptura com o movimento de vida, que se compraz na ignorância. Assim, a filosofia, quando se desenvolve na Academia, não é uma instituição escolar, mas uma escola de *espanto* que tem sua origem no ser. Esse desvio para o ser, fora da caverna-cidade, implica, ao mesmo tempo, um retorno para os prisioneiros cuja linguagem o filósofo compartilha. E esse encontro com os outros homens, segundo o retrato do filósofo dedicado à liberdade e ao ócio (*Teeteto*, 172c-177c), leva a suportar a prova da injustiça. Se o primeiro ócio nos conduz a nos espantarmos perante o ser – e, por essa razão, a pensar –, o segundo ócio nos impele a nos indignar perante o mal – e, dessa maneira, a julgar. Ao abalo intelectual ante a presença excessiva do ser responde o abalo moral diante da ausência ultrajante da justiça.

Uma vez que o espanto é a prova do ser – o espanto de que o ser *seja* –, e a indignação, a prova do bem – a indignação de que o bem *não* seja –, a alma possui por sua constituição duas pedras de toque complementares da realidade. Ela se ergue perante o ser por seu espanto e se insurge diante do mal por sua revolta, efetuando em ambos os casos uma conversão. E toda conversão, por arrancar o homem do curso dos acontecimentos, é *instantânea*. A leitura dos diálogos platônicos oferece um número significativo de ocorrências do termo *to exaiphnês*: composto dos dois advérbios *ex*, "fora de", e *aiphnês*, "subitamente". Essa palavra marca uma ruptura brusca no tempo e uma revelação súbita que jorra do exterior. O arrancamento da alma a si mesma intervém nesse momento preciso da busca em que a alma descobre instantaneamente o objeto de seu espanto – ou da sua indignação.

Essa noção quase inapreensível é analisada em uma passagem célebre do *Parmênides* (156c-157e). Refletindo sobre as diferentes relações do ser e do uno, Parmênides conclui que a alma, ao mesmo tempo uma e múltipla, oscilando entre o ser e o nada, se apreende de maneira oblíqua no intervalo entre a mudança e a persistência, nesse ponto desprovido de toda duração, o "instantâneo". Os neoplatônicos, com Proclo e Damáscio, identificaram essa terceira hipótese de *Parmênides*, em que jorra de maneira inesperada o "instantâneo", com a essência própria da alma. O apelo ao ser no espanto, quando a alma se acha confrontada com um enigma, e a lembrança do bem na indignação, quando a alma se acha confrontada com uma injustiça, instauram dupla ruptura na continuidade da experiência. O espanto e a indignação são, portanto, as duas provas de *exaiphnês*, uma que nos volta instantaneamente para o ser, outra que nos desvia imediatamente do mal. Há duplo deslumbramento, ontológico e ético, que harmoniza a alma com o mundo e que harmoniza a alma com os homens. Tal é o sentido óbvio da hipótese platônica da reminiscência. Ela significa que a alma reencontra seu parentesco de essência com a verdade e o bem. A *Sétima carta* nos dá a chave do enigma. Qual é efetivamente a natureza da filosofia, distinta de todos os outros saberes, quer seja abordada pela via do bem ou pela do ser? "Resultado do estabelecimento de um comércio repetido com aquilo que é a própria matéria deste saber, resultado de uma existência que se compartilha com ela, subitamente (*exaiphnês*), como se acende uma luz quando salta a chama, este saber se produz na alma e doravante ele mesmo aí se alimenta sozinho" (341c-d).

É sobre o fundo dessa dupla prova, de espanto e de indignação, que os homens vêm ao mundo. Tal é seu quinhão ou sua lei segundo Platão. Um termo grego antigo dá seu sentido universal à necessidade de tal *pathos*. Trata-se do verbo *nêmesein*, "indignar-se", do qual se encontra uma única ocorrência, embora significativa, em *As Leis*. Os anciãos da cidade "indignam-se (*nemesôsin*) contra aqueles que insultam a condição abandonada dos órfãos" (XI, 927c), pois eles julgam que se trata do depósito mais sagrado. O verbo *nêmesein* está ligado ao substantivo *hé nêmesis*, que exprime a vingança da deusa cósmica encarregada de atribuir a cada um seu quinhão; ela castiga o excesso de felicidade ou o excesso de orgulho que perturba a partilha do mundo. Se a indignação de Nêmesis nasce ante a violação da lei, compreende-se a aproximação natural que a língua grega instaura entre *nomos*, a "lei", *nêmesis*, a "partilha legal", e *Nêmesis*, a "deusa da partilha" que "se indigna", *nêmesein*, com a forma de agir daqueles que desafiam a lei.

Nêmesis, "mensageira da Justiça", tem o poder de vigiar as palavras dos homens e de sancionar sua desmedida por um castigo apropriado (*Leis*, IV, 717d). A mesma passagem enuncia a sentença definitiva que justifica a pena imposta àqueles que ridicularizam as ordens dos deuses. A divindade suprema, que "tem nas mãos o começo, o meio e o fim de tudo o que existe", regula de maneira justa as revoluções do cosmos; ela é seguida por "Justiça que vinga a lei divina castigando aqueles que dela se afastam" (p.715e-716a). Resulta daí que o ultraje feito ao direito não é somente um ultraje feito aos homens, mas um ultraje feito aos deuses, já que ele desfaz a ordem do universo. Ao *nomos*, que enuncia a Lei e a Partilha do todo, na terra e no céu, está associada *Nêmesis*, a Justiça, que se indigna com as exações dos homens.

Assim, Platão se indignará, ao final da vida, quando pensar na injustiça do destino que a cidade infligiu ao melhor dos homens de seu tempo. Ele se sentirá excluído do drama que atingiu seu mestre e saberá que não compartilhou até o fim a segurança de Sócrates. É por isso que deverá ser duplamente infiel a este: não o assistir em seus últimos instantes e escrever livros para expor suas razões de esperar. Platão não estará, portanto, na prisão no dia da morte do sábio, como manda dizer a Fédon, a pedido de um de seus amigos. Para compor a imagem de Sócrates morrendo sozinho em face do além, a fim de relembrar, a cada um, que ele está exposto ao mistério da existência, era preciso que Platão estivesse ausente no momento do desaparecimento de Sócrates. A filosofia, indiretamente, revela a marca da sabedoria onde a ausência passageira de Platão desvela a presença eterna de Sócrates.

Após a morte de seu mestre, Platão se afasta dos assuntos públicos. Quando subiu à tribuna, as vaias dos juízes intimaram-no a descer. As decisões estavam tomadas, certamente, segundo a regra inflexível que o prisioneiro da caverna, inicialmente "indignado" de ser arrastado para a luz (*A República*, VII, 515e), descobrirá durante sua anábase e sua catábase. À subida do sábio que se torna semelhante aos deuses responde em reflexo especular o declínio do filósofo. Cada qual dos dois movimentos é escandido por uma virada instantânea, da sombra à luz e da luz à sombra. Era preciso que a alma de Sócrates subisse ao céu para que o pensamento de Platão descesse entre nós.

2

Logos.
A arte dialética

Tensionada entre o diálogo e o mito, a filosofia procede do cruzamento de uma palavra e de uma escrita que são encenadas no teatro platônico. Uma voz original, inciso dramático na carne do texto, se faz então *ato*, em um gesto de vida ou morte que liga o epílogo do *Fédon* à narrativa final do *Fedro*. Para afrontar o risco do nada, Platão deve assumir o risco do discurso e engendrá-lo como um ser vivo, criar um personagem que possua não só corpo, cabeça e membros, mas também voz. Antes mesmo de dizer o ser, em seu teatro de sombras, o *logos* sonha que fala, que atua no palco do mundo, e que, erguendo-se para o céu, toma a palavra ao Todo. A dramaturgia platônica põe em cena sofistas, poetas ou pessoas do ofício no caminho do *logos*, da *eidos* (a forma) e do *cosmos* por meio de uma diversidade de episódios cujo aspecto de drama, o lugar em que ele ocorre e os personagens que o interpretam levam a um único fim: "uma imitação da vida mais bela e mais excelente", o que realmente é "uma tragédia, a tragédia mais autêntica" (*Leis*, VIII, 817b). No conjunto dos diálogos, desdobra-se a estrutura contínua dessa *mimesis*, que separa os dois filhos do drama, a escrita pródiga, errante e estéril, e a palavra medida, fiel e fecunda, revigorada junto ao Pai, ou ainda, o ensaio de vida do ator, em que a *phonè* se articula à *mnémé*, e o ensaio de morte do leitor, em que o rosto da *eidos* se imobiliza nos traços do *gramme*.

Mas o texto não se revela, a não ser que a voz dos personagens anime as máscaras combinadas: onde a docilidade da escrita se perde no cadinho do desejo, a palavra rebelde liberta instantaneamente o sentido no tempo do *dizer*, que excede o *dito* e, antes dele, o *escrito*. Só o dizer é capaz de pôr de acordo em sua harmonia nativa – a *sumphonia* que Sócrates faz Cálicles comprometer-se a respeitar – o *logos*, a razão, a *eidos*, a forma, o *cosmos*, o mundo, mas também a *polis*, a cidade, que os gregos submetiam ao domínio de *nomos*, a lei.

I – A arte do diálogo

Os diálogos platônicos foram objeto de inúmeras tentativas de classificação: retóricos, protrépticos, teológicos, hermenêuticos, semióticos, pragmáticos etc. Diógenes Laércio opunha o discurso diegético, da ordem da narrativa, ao discurso zetético, da ordem da pesquisa, e dividia o diegético em teórico ou prático; o teórico, por sua vez, em metafísico ou racional; o prático, em moral ou político. Quanto ao zetético, ele é gímnico, para exercer o parceiro, ou agonístico, para combater o adversário; o gímnico é maiêutico ou peirástico, parindo as almas ou persuadindo-as; enfim, o agonístico é endítico, demonstrativo, ou anatréptico, refutatório. Os neoplatônicos identificarão os princípios que ordenam a estrutura dramática, o papel dos personagens, o tema de sua busca, os estilos literários variados, a distribuição em partes, a forma da conversa e seu sentido metafísico. Os intérpretes modernos insistiram nos diferentes registros retórico, dialógico, dialético, semântico ou linguístico, multiplicando as estratégias discursivas para estabelecer as condições de possibilidade do discurso platônico.

Parece mais seguro inspirar-se no princípio de exegese formulado por Aristarco a respeito de Homero: "explicar Platão por Platão", e não por esquemas de interpretação exteriores ao diálogo. Como observava Francis Jacques (1990), o diálogo platônico não é um gênero literário entre outros. Ele instaura uma "metalogia" específica que é preciso apreender nas discussões efetivas para ver a conversa sobressair em uma arte superior que a submete à norma da essência. O diálogo estabelece assim tripla fidelidade: a da alma do respondente, a da alma do dialético e a da verdade do ser. Seu fio condutor vincula-se ao que Sócrates chama de o "cuidado" ou a "preocupação com a alma", *épiméleia tes psuchès*. O *Cármide* indica que é na alma, e não no corpo, que os males e os bens têm sua origem, de maneira que é preciso cuidar desse princípio do todo, como ensinava o deus Zalmoxis. E é por "encantamentos", compostos de belos discursos e belos pensamentos, que se faz nascer na alma essa sabedoria que assegura a saúde do homem inteiro. Sócrates volta a essa terapia moral no *Alcibíades* para identificar cada homem com a sua alma, e não com seu corpo ou com o composto de ambos, pois "o homem nada é senão sua alma", ou ainda "é a alma que é o homem", *he psukhé estin anthropos* (130c). Se se admitir essa primazia da alma, decorre daí que é dela que se deve cuidar constantemente. Para que a alma possa se conhecer, ela deve fitar uma alma, o que Sócrates faz dirigindo-se a Alcibíades e, depois, nessa alma, olhar o que ela tem de mais excelente, a sabedoria. Como não há nada mais divino que a sabedoria, a alma deve fitar decisivamente o deus, visto que ele é o melhor espelho das coisas humanas.

É, portanto, a alma que conduz em segredo a conversa e, por meio dela, mais secretamente ainda, a divindade. O cuidado da alma é o princípio moral que legitima, no diálogo socrático, o uso da ironia e o recurso à maiêutica. A justificação da "ironia", que Trasímaco interpreta como *ignorância fingida* na única passagem em que Platão emprega esse termo (*A República*, I, 337a), reside no fato de que ela é o sinal de um *conhecimento verdadeiro*. A ironia é menos zombaria do que a marca de intervenção divina, pois, quando Sócrates faz sua pergunta, é outra voz que se ouve. Deus é o grande ironista, e a filosofia, para Platão, não poderia evitar colocar *a questão de Deus*. Ora, é esse questionamento que liberta a alma de sua gravidez. Sócrates joga em consequência com a arte maiêutica de sua mãe, Fenarete, afirmando que, a exemplo da parteira, o homem sábio é estéril e pode somente ajudar os outros a dar à luz. A razão dessa comparação, já inscrita, como foi vista, no nascimento de Sócrates, é que tanto a fecundação irônica como o parto maiêutico se relacionam com a divindade – ou seja, com a verdade. Sócrates confia assim a Teeteto que o deus o força a praticar o parto, impedindo-o de procriar, porque o parto da verdade deve ser sua obra comum. Se a verdade é sua própria origem, o diálogo entre os homens não é um procedimento indiferente perdido na tagarelice, mas uma arte dialética *hè tekhnè dialektikè* (*Fedro*, 276e) ou um método dialético, *hè dialektikè methodos* (*A República*, VII, 533c), orientado pelo ser.

Compreende-se, então, que a defesa de Sócrates perante seus juízes não é absolutamente uma provocação ou uma rebelião. Ainda que o tribunal estivesse disposto a absolvê-lo com a condição de que ele não se ocupasse mais da filosofia, desfazendo assim o vínculo que liga o diálogo à dialética, Sócrates recusaria tal proposta. Ele obedecerá sempre mais ao deus que o comanda do que aos atenienses que o julgam (*Apologia*, 29d). Enquanto tiver um sopro de vida, ele exortará os homens, jovens ou velhos, concidadãos ou estrangeiros, a não se preocuparem com honrarias, mas a cuidar da alma, a fim de torná-la melhor. Se o filósofo não tem a pretensão de nenhum saber, e nisso difere da maioria dos homens, ele permanece fiel à missão divina que lhe é atribuída: estabelecer a perenidade de um diálogo apoiado na verdade assegurando a proteção de uma alma que, deixada a si mesma, se perderia na vacuidade dos discursos. Só a dialética consegue, com a ajuda do deus, cuidar da alma humana.

Não são apenas os atenienses que são visados, mas igualmente os sofistas. Se Sócrates ameaça interromper Protágoras ou Górgias, não é porque eles fazem um "longo discurso", uma *makrologia*, confundindo a persuasão sofística, *hé peithô*, com a demonstração filosófica, *hé epideixis*. É porque somente o "discurso breve", a *brakhulogia*, que implica as perguntas do dialético e as respostas de seu parceiro em uma refutação, *elenchos*, coloca a dialética sob a guarda da verdade (*Protágoras*, 334b-c). Entretanto, Platão, abandonando o jogo socrático das perguntas e respostas, interrompe às vezes a busca dialética e, suspendendo todo diálogo, põe na boca de Sócrates ou de outro porta-voz um discurso mais contínuo do que o dos sofistas. De maneira intempestiva, um monólogo vem tomar o lugar do diálogo como se a dialética devesse reanimar suas forças, revigorando-se com uma palavra original, a palavra do mito, cuja narração não admite argumentação nem refutação.

II – A procissão mítica

O mito da parelha alada do *Fedro* é talvez o mito matricial de todas as outras narrativas. Sua riqueza se deve à imbricação de quatro teorias que são os quatro pilares do edifício platônico: a teoria da imortalidade da alma, a teoria das ideias, a teoria da reminiscência e a teoria do amor. Ele começa no momento em que Sócrates passa da análise do delírio amoroso à afirmação da imortalidade da alma, e cobre a maior parte do discurso dedicado às quatro formas de loucura (*mania*): a profecia, a iniciação, a poesia e o amor. A questão da psique surge no meio da análise da *mania*, que é uma emoção violenta. É preciso considerar a natureza das afecções da alma, da qual se demonstra que é imortal porque, como princípio de automotricidade, ela não obedece a nenhum movimento exterior que, cessando de existir, lhe tiraria a vida. Mas, por ser princípio, a alma é inengendrada e não pode provir do nada nem retornar ao nada. Partindo da "natureza" da alma (φύσις) que aparecia como força de movimento autônoma, o que será o ensinamento permanente de Platão, chega-se à "essência" da alma (οὐσία) (245*e*) expressa por sua "definição" (λόγος): a imortalidade de um princípio que move a si mesmo. A cessação de seu movimento assinalaria o desmoronamento de todo o Céu e poria um termo definitivo ao tempo. Sócrates realiza uma ruptura decisiva expondo a ideia da alma com base no modelo ao qual ela se conforma. Sai-se, assim, do domínio da definição para abordar o terreno da "imagem" (εἰκών), pois apreender a ideia em sua pureza seria o efeito de uma exposição que ultrapassa as forças humanas. O mito substitui, então, a dialética e apresenta, sob forma plástica, a "ideia" de alma à qual se acha submetida sua "natureza" móvel. Ela se assemelha a um carro alado atrelado a dois cavalos conduzidos por um cocheiro. Se as almas dos deuses são todas boas, não ocorre o mesmo com as almas dos homens cujos componentes se revelam díspares. O cavalo branco possui natureza franca e obedece às ordens do cocheiro, que simboliza a razão. O cavalo negro deixa-se levar pela desmedida (*hubris*) de seus desejos; ele não permite que as almas inferiores subam até o topo do Céu porque, recalcitrante ao adestramento, pende para a Terra a todo instante.

Tirada de Homero, a imagem da parelha alada preenche três funções nesse mito uraniano:

- funda a tripartição da alma sob uma forma cósmica;
- reforça a comunidade dos homens e dos deuses;

— desvela a comunidade de essência da alma, do mundo e das formas supremas para as quais a corrida das almas, ou o ciclo do conhecimento, está naturalmente orientada.

O princípio dessa comunidade da alma, do ser e do conhecimento encontra-se enunciado em 246b-c: "Toda alma cuida (*epimeleîtai*) de tudo o que é desprovido de alma e, por outro lado, circula no universo inteiro, apresentando-se tanto sob uma forma quanto sob outra. Ora, quando ela é perfeita e tem asas, é nas alturas que ela caminha, é a totalidade do mundo que ela administra".

O primeiro a avançar é Zeus, que conduz a *teoria* dos deuses e dos demônios como um estratego, seu exército. O cortejo divino não é ordenado em 12 seções, segundo o grupo figurado no altar dos Doze em Atenas, mas em 11, "pois Héstia fica na morada dos deuses, sozinha" (247a). Em volta dela, os coros divinos e seus demônios fazem evoluções em círculos concêntricos. Assiste-se a um grandioso balé cósmico que evoca os movimentos da esfera dos fixos e dos planetas, no interior do qual cada deus se desloca em função da ordem do Todo: eis o próprio princípio da justiça, *dikéè*. Subindo para a abóbada estrelada, as almas dos imortais movem-se facilmente graças ao equilíbrio de sua parelha, enquanto as almas dos mortais dificilmente conseguem se elevar ao topo do mundo. A mecânica celeste gira em torno do pivô de Héstia, imóvel no centro do cosmos e identificado do cume do Olimpo na Terra.

A figura religiosa de Héstia sofre uma mutação notável, que revela o primado platônico da *essência*. Chegadas ao cume da abóbada celeste, as almas se instalam em outra encosta e são levadas pelo carrossel divino que lhes permite contemplar o teatro exterior ao céu. Esse lugar supraceleste, "a Planície da Verdade", oferece à vista uma "pradaria" onde não aparece mais *Héstia*, mas *Ousía*, a "essência da realidade", que "realmente é" (247c). Essa essência não pode ser contemplada a não ser pela alma, da qual ela é o alimento, e na alma, por seu piloto, o intelecto. O deslizamento de *Héstia* a *Ousía* consiste em uma estratégia própria de Platão. Os dois termos se acham identificados no *Crátilo* à luz da etimologia e dos sacrifícios religiosos, pois é tão exato, para uns, "chamar a 'essência' (*ousía*) das coisas sua 'morada' (*héstia*) quanto, para nós mesmos, nomear 'morada' (*héstia*) o que participa da 'essência' (*ousía*) das coisas" (401c). Com a passagem de Héstia a Ousía, no final da *procissão* celeste e na origem da *contemplação* supraceleste, deixa-se o terreno do mito para entrar no campo da dialética. Essa transposição metafísica se manifesta na língua do mito cuja *mostração* da morada cósmica, sob a "figura" (εἰκών) de Héstia, continua a irrigar secretamente a *demonstração* da "essência" lógica sob o "rosto" (εἶδος) de *ousía*. A inteligência não consegue contemplar a Planície da Verdade sem passar pela psicagogia (condução da alma) de uma figuração plástica do ser. Para dizê-lo em termos husserlianos, pode-se atingir o domínio das essências puras, após a redução eidética do ciclo do conhecimento, porque ele é edificado sobre o mundo da vida, ou seja, da alma, e porque, a despeito dos raciocínios da ciência, a Terra-Héstia não se move.

Quando as almas se erguem à beira da abóbada celeste para contemplar a Planície da Verdade, elas veem a *ousía* suprema que aparece sob cinco formas distintas: a Justiça, a Sabedoria, a Ciência (que não se vincula ao devir, mas à realidade essencial), a Beleza e o Pensamento (247*d*-250*d*). Essa enumeração quinária das Ideias não é única em Platão; será comparada ao *Fédon* (75*c*), em que as ideias de "Igual", "Belo", "Bom", "Justo" e "Santo" são tomadas por Sócrates como exemplos de "o que é em si". De maneira paralela, para mostrar como a alma realiza sua iniciação seguindo o cortejo do deus ao qual é aparentada, Sócrates escolhe descrever, dos 11 deuses precedendo o exército das almas, a procissão dos cinco primeiros deuses. No teatro circular do mundo, o coro de Zeus avança na frente, seguido pelo de Ares, Dionísio, Hera e Apolo (252*c*-253*b*). No interior de cada um dos coros divinos, as outras almas realizam suas evoluções circulares como coreutas que imitam seu deus o mais perfeitamente possível.

III – O processo dialético

Pode-se voltar ao diálogo como o prisioneiro volta para o meio de seus companheiros para conversar com eles. Mas não será mais a mesma conversa de antes. Compreendida nos primeiros diálogos como a arte de perguntar e de responder, a dialética torna-se o método privilegiado para apreender as realidades inteligíveis, não mais a partir do acordo incerto dos interlocutores, mas a partir da conformidade rigorosa das ideias. O eixo vertical da busca substitui bruscamente o eixo horizontal da troca, como o prisioneiro da caverna se punha subitamente de pé passando por cima dos corpos estendidos, e o domínio do conhecimento se levanta contra as servidões da opinião. Doravante método racional, a *tekhnè dialectikè* põe em movimento a alma inteira, dá-lhe seu ritmo próprio e a coloca no caminho, *methodos*, da verdade. Quando o dialético se desprende das determinações sensíveis e, unicamente com a ajuda da razão, se eleva à essência de cada coisa, e, ainda além, à essência do próprio bem, "então chega ao termo do inteligível como o prisioneiro chegava ao termo do visível" (*A República*, VII, 532*b*). A viagem fora da caverna continua a comandar o procedimento do filósofo a tal ponto que Sócrates não hesita em falar da "marcha dialética", *dialectikè poreia*, para reforçar a imagem do caminho do pensamento. Ela se reencontrará em *As Leis*, em 799*d*, quando os três protagonistas do diálogo avançam pela estrada que conduz de Cnossos à caverna de Zeus.

De maneira paradoxal, a dialética, que evoca o rigor lógico, inscreve seus passos na imagem mítica da subida do subterrâneo para o sol, seguida da nova descida para o meio das sombras. É, aliás, após o mito da parelha alada que, voltando ao diálogo, Sócrates define as duas regras do método dialético. Em primeiro lugar, convém reduzir as coisas múltiplas da experiência à unidade da forma que as ordena. Esse procedimento de *síntese* consiste em "levar para uma forma única, *mia idea*, graças a uma visão de conjunto, o que está em mil lugares disseminado a fim de que, pela definição de cada uma dessas unidades, se faça ver claramente qual é aquela sobre a qual se quer, em cada caso, fazer recair a instrução". Em contrapartida, o procedimento de *análise* consiste em "ser capaz de separar a essência única em duas, segundo as espécies (*kat'eidè*), seguindo as articulações naturais e tentando não romper nenhuma parte" (265d-e). Sócrates fez isso pouco antes distinguindo duas formas de delírio, o lado esquerdo com o delírio das doenças humanas, o lado direito com o delírio do arrebatamento divino, para chegar a cernir a especificidade do amor filosófico que se distingue das inspirações divinatória, mística ou poética. Sócrates reconhece ser apaixonado por essas práticas de "divisão", *diairesis*, e de "reunião", *sunagôgé*, que permitem ao filósofo tanto falar quanto pensar. A dialética é, assim, apenas o movimento do pensamento logo que ele é iluminado por uma luz superior que comanda a articulação da fala. Não acedendo à dialética, como o prisioneiro incapaz de soltar-se de seus laços e cujas palavras são acorrentadas pelas sombras, o "olho da alma", *to tes psuchès omma*, desprovido de luz, permanece enterrado "em um atoleiro bárbaro", *en borborô barbarikô* (533d).

À ascensão e à descida do prisioneiro correspondem, exatamente, a dialética ascendente e a dialética descendente. Ainda não se sabe que chamado comanda esses dois momentos que formam o ciclo da existência humana. Sócrates permanecera evasivo sobre a origem da libertação do prisioneiro, brutalmente arrancado de suas amarras e puxado à força para as alturas. Nos livros VI e VII de *A República*, em que se exprime o ápice da concepção platônica da dialética, Sócrates levanta o véu sobre a origem de um método que não se reduz às técnicas procedurais de análise e de síntese. Ele coloca, por um lado, que um "longo circuito", *makrotera periodos* (504*b-d*), é indispensável para conhecer as virtudes como a coragem ou a justiça, e, por outro lado, que há uma coisa mais importante do que as virtudes que depende da "ciência mais alta", *megiston mathema* (505*a*). Essa ciência só poderia ser a dialética, visto que ela é o modo de pensamento que puxa a alma para o alto. Seu objeto é apresentado abruptamente como a "ideia de bem", *hè toû agathoû idea*, que toda alma busca no movimento que a leva sem que ela saiba verdadeiramente o que pode ser esse bem. Sabe-se somente que o bem, que se apresenta por meio da falta que aviva o desejo, é o que *anima a alma* como princípio de seu movimento. É porque a alma está em busca do bem que ela o persegue incessantemente pelo mundo, como a parelha alada levada nas revoluções do céu. Assim, o dialético, não contente com alternar as divisões e as reuniões, consegue abarcar em uma mirada a totalidade dos conhecimentos nas relações que estes têm entre si e com a natureza do ser. Somente o dialético é capaz de ter a "vista sinóptica" (577*b*), que o insere na realidade cujo parentesco de essência ele apreende em um instante.

Ora, esse "impulso belo e divino", que leva e alça o dialético às regiões superiores, *épi tous logous*, como o discerne Parmênides na vivacidade das respostas do jovem Sócrates, não é senão o movimento natural da alma. Ele se apresenta sob a forma paradoxal de um pensamento que desdobra os momentos da dialética em um discurso interior separado da discussão ordinária. O *Teeteto* é o primeiro a definir o ato de "pensar", *dianoeîsthai*, como "um discurso (*logos*) exprimido, certamente não perante outro e oralmente, mas silenciosamente e a si mesmo" (190*a*). Esse *discurso* interior, que é em si mesmo *desvio*, e mesmo *longo desvio*, é identificado por Platão com uma série de operações mais ou menos rápidas, sob a forma de perguntas e respostas, de afirmações e de negações que conduzem finalmente a alma a *estatuir*, ou seja, a pronunciar seus julgamentos. Esse é o movimento permanente do conhecimento que faz a alma pensar sempre. O dia*noeîsthai* repercute por meio da alma a tensão *dia*-lética presente no *diálogo*, o prefixo *dia* implicando a divisão, mas também a mediação que atravessa, em um sentido temporal, um conjunto dado. Marcando assim a sucessão, o "pensar" é o ritmo próprio da alma tal como ele se desenrola progressivamente no tempo. Essa definição será reforçada no *Sofista* em termos mais precisos: "O pensamento, *dianoia*, e o discurso, *logos*, são a mesma coisa, exceto que é o diálogo interior e silencioso da alma consigo mesma que se chama pelo nome de 'pensamento'" (263*e*). O *Filebo*, por sua vez, voltará ao discurso que, quando está sozinho, "continua, às vezes por muito tempo, a repetir a si mesmo, caminhando, esses mesmos pensamentos que ele guarda dentro de si" (38*e*). Quando a alma se olha em silêncio, em seu próprio espelho, ela refaz o percurso circular da parelha do *Fedro*, para chegar pela mediação da *dianoia* ao ato supremo de "contemplação", o que é expresso em grego pelo termo *theoria*.

IV – A teoria do conhecimento

Um esquema genealógico comanda a marcha dialética de Platão. Para situar o lugar onde se encontra o objeto da pesquisa, o Bem, Sócrates compara o sol com seu filho desenvolvendo a analogia de suas respectivas *linhagens*. Logo que seu parceiro tiver entendido a relação entre a linhagem sensível do sol e a linhagem inteligível do Bem, Sócrates tomará um segundo exemplo, o paradigma da *linha*, que assegura a analogia dos graus do ser e dos níveis do conhecimento segundo um ciclo semelhante. O mito da caverna intervirá, enfim, para estabelecer o acordo simbólico das analogias precedentes. A *analogia* do Bem e o *paradigma* da linha aparecem, assim, como a preparação natural da exposição *mítica* que coroa o conjunto do procedimento socrático.

A correspondência entre o mundo visível e o mundo invisível repousa sobre duas divisões sucessivas que levam à constituição de duas séries de cinco termos. A primeira divisão torna manifestas as três condições do conhecimento: para que a "vista" possa apreender as "coisas visíveis", é preciso introduzir uma terceira realidade, a "luz".

Essa tríade estrutural da visão ainda não é operatória; para lhe dar o movimento, uma segunda divisão destaca a origem da visão e a origem das coisas visíveis, ou seja, o sol, e na outra ponta dessa corrente de ouro, o olho, que lhe é aparentado. Cinco fatores ordenam por conseguinte a gênese da visão: o olho, a vista, a luz, as coisas visíveis e o sol. Aplicando essa escala ao mundo inteligível, obtém-se a gênese do conhecimento: "o olho da alma", por seu ato de "intelecção", efetuado na luz da "verdade e do ser", apreende as "realidades inteligíveis" graças a essa fonte de saber que é a "ideia de Bem" (508*d-e*). Sócrates conclui então sua demonstração:

> é o Sol que eu considero ser o filho do Bem, que o Bem gerou à sua semelhança; exatamente o que ele mesmo é no lugar inteligível, em relação à inteligência como aos inteligíveis, eis o que é o Sol no lugar visível, em relação à vista como em relação aos visíveis. (508b-c)

A filiação genealógica do sol e do Bem pode ser lida tanto no sentido vertical quanto no sentido horizontal. A analogia do sensível e do inteligível – o olho do corpo está para o olho da alma assim como a vista está para a intelecção, a luz para a verdade, as realidades visíveis para as formas inteligíveis e o sol para o Bem – reproduz a ordem hierárquica das condições do conhecimento suspensas ao incondicionado: as realidades visíveis estão para o sol, quanto à visão do olho do corpo iluminado pela luz, assim como as formas inteligíveis estão para o Bem, quanto à intelecção do olho da alma iluminado pela verdade.

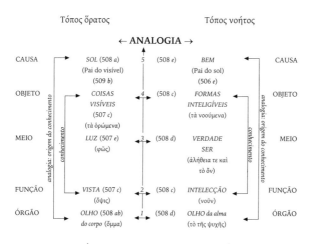

Sócrates aplica, então, esse esquema aos graus do ser e às modalidades do conhecimento segundo o *paradigma da linha* com a ajuda de um deslocamento que não modifica a analogia de estrutura precedente. Os quatro primeiros fatores do sensível (olho, vista, luz, coisas visíveis) reduzem-se aos dois primeiros graus do "gênero visível" (509d), acima do qual se edificam os dois graus superiores do "lugar inteligível", os quais, por sua vez, reduzem os quatro primeiros fatores do inteligível (olho da alma, intelecção, verdade, formas). Os quatro níveis da analogia do Bem se fundem, doravante, em uma única série – uma única linha e uma única linhagem – cuja parte superior governa a parte inferior. Platão alinha, então, segundo uma gradação contínua de obscuridade e de claridade que prepara a imagem da caverna, as realidades sensíveis e inteligíveis, ou seja, a totalidade do ser, ao longo de dois segmentos de reta desiguais desdobrados, por sua vez, segundo a mesma relação de desigualdade. Sobre uma linha vertical quatro modos de conhecimento hierarquizados em dois pares são obtidos:

- para o visível, o par inferior da "opinião" (δόξα): imaginação (εἰκασια) e crença (πίστις);
- segundo o inteligível, o par superior da ciência (ἐπιστήμη): discursão (δίανοια) e contemplação (θεωρία).

Esses modos de conhecimento, próprios aos "quatro estados da alma", *pathemata* (511*d*), correspondem exatamente aos quatro graus do ser:

- par inferior dos seres visíveis: imagens/fantasmas (εἰκόνες / φαντάσματα) e realidades vivas (τὰ ζῷα);
- par superior dos seres inteligíveis: hipóteses matemáticas (ἐξ ὑποθέσεων) e Ideias (εἴδεσι).

O ser manifesta-se sempre, portanto, sob "esses dois rostos" (ταῦτα διττὰ εἴδη) (509*d* 4), dos quais um, o sensível, é o reflexo do outro, o inteligível. Mas esses rostos não tomam forma verdadeiramente a não ser no âmago da caverna que encarna a figura do mundo por inteiro. O progresso das três etapas da marcha dialética de Sócrates – *analogia* do Bem, *paradigma* da linha, *mito* da caverna – permite pensar que o jogo das analogias, quer seja simbólico (a linhagem) ou matemático (a linha), não basta para apreender a correspondência do visível com o invisível. Só o mito é capaz de evocar a configuração geral do ser tornada presente pelo poder de engendração da

caverna. As sombras subterrâneas são as projeções animadas das cópias e dos fantasmas dos prisioneiros, que respondem aos *eikones* e às conjeturas da *eikasia* na analogia da linha. Com as marionetes, origens das imagens móveis e sonoras projetadas no fundo da caverna, atinge-se o nível das realidades sensíveis além de seus reflexos e ecos: a crença (*pistis*) tem por objeto as formas vivas dos seres no mundo da opinião privado de figura estável. Ao sair da caverna, o homem ganha o conhecimento dos objetos reais, com seus contornos esculpidos pela luz, correspondendo às figuras geométricas e às hipóteses da analogia da linha que dão oportunidade para a discussão (*dianoia*). Incapazes, entretanto, de explicar a razão do princípio que os funda e submetidos à conclusão limitada de sua demonstração, esses raciocínios se detêm na apreensão das imagens dessas realidades mais altas, que são os corpos celestes imutáveis. Nesse olhar erguido para o céu inteligível, o prisioneiro liberta totalmente a dialética que atinge os *noéta* superiores graças à intuição intelectual da *noèsis*, as próprias Ideias que ordenam o conjunto do procedimento.

A alma chega, então, à contemplação suprema, *theoria*, iluminada pelo princípio an-hipotético do Bem que dá às realidades invisíveis o "ser" (τὸ εἶναι) e a "essência" (τὴν οὐσίαν). Mas, longe de ser essência, "ele ainda está muito acima e além da essência" (ἔτι ἐπέκεινα τῆς οὐσίας [...] ὑπερέχοντος (VI, 509*b*). Platão poderia ter se contentado em escrever ὑπερέχοντος τῆς οὐσίας, "ultrapassando a essência"; mas ele reforça o verbo ὑπερέχειν com um ἐπέκεινα pleonástico, o ἐπι redobrando o ὑπερ em uma altura que se aprofunda. A *hipérbole* de Sócrates deve-se a essa dupla transposição, da *ousia* para sua *hiper*-possessão e sua *epi*-fania. Platão troca aqui de ordem, como Pascal, escavando na altura do ser uma altura superior, não o Bem *contendo a si mesmo* mas, por assim dizer, *em preeminência*, em que se revela sua natureza hiperbólica.

Essa via natural da filosofia, relacionada à "educação" ou *paideia* (514a), necessita do aprendizado das ciências fundamentais que esgotam o ciclo do conhecimento. Os estudos preparatórios, como prelúdio do próprio canto, ou seja, a música, assimilada com a dialética, abrangem um conjunto ordenado de disciplinas. A recensão de Sócrates leva a um conjunto de quatro ciências – aritmética, geometria plana, estereometria, astronomia *e* música – que preparam para a música suprema da dialética cujo estudo tomará cinco anos (539e). Uma tétrade de ciências preparatórias, e de uma ciência derradeira, a dialética, sobre a qual Sócrates se cala como se cala sobre a Ideia de Bem que plana acima dos graus preliminares da realidade que está presente.

3
Eidos.
A teoria das ideias

Platão usa a mesma estrutura triádica da imitação, ou *mimesis*, para distinguir os três graus da realidade. Em *Ion*, o rapsodo, intérprete dos poetas, aparece como um imitador de imitadores, pois os poetas já são os intérpretes dos deuses: os discursos rapsódicos, mosaicos coloridos de peças de versos cosidas às pressas, não são senão "intérpretes de intérpretes", à imagem da pedra de Heracleia que encadeia os anéis de ferro uns aos outros. *A República* oferece a teoria a partir da distinção dos três tipos de camas. O demiurgo não produz livremente os seres, reproduz somente o modelo anterior produzido pelo *fiturgo* ou o *teurgo* (X, 597b-d), que encarna a função criadora da divindade. Mas o demiurgo vê sua imitação imitada, por sua vez, pela intervenção do pintor ou do poeta, ou seja, de um fabricante de imagens que reproduz em um grau inferior a cama inicial. Três níveis distintos estão assim articulados segundo uma ordem inalterável:

Realidades sensíveis	Formas ontológicas	Imitações
1/ a cama única do fiturgo (deus)	1'/ a Ideia única (forma inteligível)	1"/ o paradigma único
2/ as camas do demiurgo (marceneiro)	2'/ as cópias-ícones (imagens)	2"/ a *eikastikè* (1ª *mimesis*)
3/ as camas imitadas do poeta (pintor)	3'/ as cópias-ídolos (fantasmas)	3"/ a *fantastikè* (2ª *mimesis*)

Somente a primeira espécie de cama é natural, visto que é criada pelo φυτουργὸς, o deus que *implanta* as coisas no mundo como um jardineiro do ser. As duas seguintes são artificiais, visto que se submetem à influência das duas formas de imitação: a *mimesis* superior do ícone (εἰκών), a *mimesis* inferior do ídolo (εἴδωλον) ou do fantasma (Φάντασμα), que o *Sofista* distingue sob os nomes de "eikástico" e de "fantástico". No alto, a produção original da coisa; no meio, as cópias que o autor produz olhando a ideia; em baixo, as reproduções das cópias precedentes, entendamos: as cópias das cópias. Os ídolos não imitam somente os ícones, no plano vertical da origem, eles se imitam mutuamente, no plano horizontal da derivação, e desdobram o mundo do *apeiron* (infinito) cujo fascínio se deve a seu caráter indefinidamente recomeçado. Será essa a lição do *Crítias* que oporá à cidade ideal a Atenas arcaica, que é seu ícone, e a Atlântida, que é seu fantasma.

I – A reminiscência

Desde seus primeiros diálogos, Platão procura definir o objeto próprio do conhecimento ultrapassando as opiniões inconstantes que são rotinas desprovidas de razão. Quer se trate da beleza no *Hípias maior*, da piedade no *Eutífron*, da coragem no *Laques* ou do amor no *Lísis*, a cada vez Sócrates vai em busca da "essência" da realidade considerada. A essência, *ousía*, não se reduz à diversidade das aparências da coisa; ela caracteriza o que *é* a coisa em si mesma quando se faz a simples pergunta: *ti esti?*, "o que é?". Trata-se de apreender o caráter comum de todas as coisas belas, piedosas ou corajosas, o que o *Eutífron* chama de "uma certa ideia única", *mia tina idea* (5d), ou ainda "a própria forma", *auto to eidos* (6d), graças à qual uma coisa é o que ela é. A *ousía* de uma coisa se exprime por sua *eidos* ou sua *idea,* que é a propriedade universal de um conjunto irredutível aos objetos particulares. Assimilam-se frequentemente os termos de *eidos* e de *idea* que têm a mesma origem (**weid-*, "ver"), e traduzem-se indiferentemente por "forma" ou "ideia". Seu sentido é, contudo, mais nuançado. *Eidos* designa o "aspecto" de uma coisa, sua "forma", seu "rosto", ou sua "cara" (*Protágoras*, 352a). *Idea* representa o aspecto visível de um objeto cujas determinações são menos seguras que a da *eidos,* que remete a uma figura precisa. Platão fala da alma como uma *idea* no *Teeteto* (184d), pois sua forma é menos determinada do que a de uma figura geométrica. O próprio Bem não é qualificado como *eidos,* mas como *idea.* Se a *ousía* caracteriza o ser, sua *quididade,* a *eidos,* designa o rosto sob o qual o ser aparece à *idea* da alma. Esta é originalmente parente das ideias que vão se revelar a ela sob o efeito da reminiscência.

A essência de uma realidade se manifesta primeiramente pela definição que dela se dá: *logos, horos* ou *horismos* evocam assim o *horizonte* que delimita a apreensão do objeto a definir. Além disso, a essência se apresenta sob o aspecto genérico da coisa visível, *eidos*, como a *eidos* do homem cuja presença se reconhece em todos os seres humanos, mas igualmente sob a forma específica da coisa invisível, *idea*, como a *idea* de justiça. É no *Mênon*, a respeito da questão da virtude, seja ela natural ou adquirida, que se encontra exposta a hipótese da reminiscência para resolver o problema do conhecimento. Sócrates detém duas aporias: a da unidade da coisa pesquisada (a virtude é una, como uma colmeia, ou ela se dissipa em um enxame de virtudes?) e a da impossibilidade da própria pesquisa. De acordo com o raciocínio sofístico, com efeito, não se poderia procurar nem o que já se sabe, visto que se sabe, nem o que não se sabe, visto que se ignora o que se procura. Sócrates corta aqui o nó górdio. O objeto do saber não é verdadeiramente desconhecido, está apenas esquecido, e o ensinamento consiste em uma rememoração.

A hipótese da *anamnesis* implica duplo postulado metafísico: o do *pré-conhecimento* do que se busca e o da *pré-existência* da alma em relação ao corpo. Antes de sua encarnação na existência atual, a alma esteve em contato com aquilo cujo conhecimento ela devia adquirir de forma que este sempre fosse, de fato como de direito, um *re*conhecimento. A alma deve assim reconhecimento às ideias, como mostra o exemplo do jovem escravo que consegue, por si mesmo, encontrar o procedimento para construir um quadrado de área dupla de um quadrado dado (82*a*-86*c*). A hipótese da reminiscência impõe, desta maneira, a hipótese das Ideias que formam a trama ontológica e cósmica da realidade:

> enquanto a natureza, no seu todo, é de uma só família, enquanto tudo, sem exceção, foi aprendido pela alma, nada impede que relembrando-nos de uma só coisa, o que precisamente nós chamamos aprender, reencontremos também todo o resto, com a condição de sermos perseverantes e de não nos desanimarmos com a busca: é que, no fim das contas, buscar e aprender são, inteiramente, uma rememoração (anamnésis). (81*d*)

O *Fédon* assegura definitivamente a validade das hipóteses da reminiscência das Ideias e da preexistência da alma, fundando-as em uma aposta ainda mais trágica pelo fato de que o que está em jogo é a morte de Sócrates. A aposta é na imortalidade da alma – "um belo risco a correr", *kalos ho kindunos* (114d) – que constitui a pedra angular do edifício platônico. Aqueles que se apegam à filosofia de maneira reta devem ter unicamente cuidado com a morte porque esta, abrindo um abismo diante deles, os incita a sofrer a injustiça e a esperar, em uma outra vida, conhecer enfim a justiça. Eis a virada principal do platonismo. A teoria das Ideias não é mais, metodologicamente, uma condição do conhecimento; ela é doravante, ontologicamente, uma escolha de existência, antes de assumir ainda, epistemologicamente, uma nova dimensão, a do objeto supremo do conhecimento.

Com o *Fédon*, a doutrina platônica do ser introduz um corte radical, um *chorismos*, entre "duas espécies de ente", *duo eidè tôn ontôn*, uma visível, outra invisível (79a). Se o visível jamais permanece o mesmo, levado pelo fluxo incansável do tempo, o invisível conserva sempre sua identidade, a qual está associada a alma. Como a alma é aparentada ao que permanece idêntico a si mesmo, na pureza de sua adequação a si, ela tem mais semelhança com o invisível do que com o visível. Esse estatuto do invisível, que dá estabilidade ao conhecimento, define o que a tradição chama o "mundo das Ideias", conquanto seja preciso falar de "lugar inteligível", *topos noétos*. Com efeito, as Ideias não formam um "mundo", *kosmos*, que duplicaria o mundo visível; elas exibem uma forma de causalidade específica que estabelece cada realidade em sua essência. Assim, quando coisas que são iguais entre si, seixos ou pedaços de pau são contados, não se pode evitar a referência à ideia de Igualdade, que preexiste a todas as igualdades sensíveis e que permanece mesmo que as coisas iguais não o sejam mais. Esse é o Igual em si, *auto to ison*, que a alma conheceu antes de comparar as coisas que ela considerará iguais devido à anterioridade ontológica das formas de que a alma é tecida.

Platão cava aqui um abismo intransponível, de onde nascerá, mais tarde, a transcendência entre a realidade sensível, submetida ao devir, e a realidade inteligível, apoiada no ser, e para além dele, no Bem, que ilumina a precedente. A forma suprema de existência, à qual pertence a alma, que por isso é imortal, é a das Ideias ou das Formas.

Pelo menos, essa é a aposta do homem que se prepara para morrer. Há, certamente, muitas coisas belas, muitas coisas boas neste mundo; mas é preciso afirmar com firmeza, para legitimar ao mesmo tempo a ordem do conhecimento e o ato permanente da alma, a existência do "belo em si", *auto kalon*, do "bem em si", *auto agathon*, e, de maneira geral, para todas as coisas, a existência de sua "Ideia única", *idea mia*, que chamamos "o que é", *ho estin* (*A República*, VI, 507b). A hipótese da reminiscência acarretou a hipótese das Ideias que, por sua vez, acarretou e justificou a hipótese da imortalidade da alma. O belo risco a correr, para aquele que se compromete com o caminho da dialética, é menos o do conhecimento do que o do sentido da própria existência.

II – A participação das Ideias

A questão decisiva de *Parmênides* consiste na participação, *methexis* ou *metalepsis*, quer se trate da participação do sensível no inteligível ou da participação das Ideias entre si. Em um primeiro tempo, Parmênides destaca as dificuldades que acarretam a hipótese de Ideias separadas do mundo sensível; há uma Forma em si, *eidos auto kath'auto*, para cada realidade, ainda que sejam coisas grosseiras, tais como a lama, a sujeira e o cabelo? A Forma permanece idêntica nas coisas múltiplas, como a luz em relação aos objetos iluminados, ou ela se fragmenta ao infinito, adaptando-se a cada singularidade? Se ela permanecer inteiramente em si mesma, estará separada das coisas sensíveis, e se ela estiver inteiramente nas coisas sensíveis, estará separada de si mesma. A Forma é a unidade de um conjunto dado, como a grandeza para todos os objetos grandes, enquanto sua unidade de síntese? E essa é a objeção que Aristóteles denominará o "argumento do terceiro homem", a identidade da grandeza com os objetos grandes implicará sua identidade comum com a Forma que os liga, ou seja, uma terceira Forma, e assim por diante, até o infinito. A semelhança entre o inteligível e o sensível suscita, assim, a existência de uma Forma mais elevada, que seria seu modelo. É a Forma um pensamento, *noema*, produzido na alma e idêntico para todos os objetos considerados? Nesse caso, sendo os pensamentos idênticos a seu objeto, tudo seria feito de pensamento ou então tudo seria privado do pensar. As Formas seriam, enfim, "modelos" dos quais as coisas sensíveis seriam as cópias? Como haverá semelhança entre o modelo e as cópias, haverá uma nova participação do modelo e de suas cópias em uma Forma mais elevada, em uma regressão indefinida. Todas essas hipóteses chegam a uma dupla conclusão: se os domínios do inteligível e do sensível forem radicalmente distintos, ou as Formas serão inconhecíveis para o homem ou os assuntos humanos serão desconhecidos por Deus, que contemplará unicamente a ciência em si.

Para resolver essas aporias, Parmênides retoma a questão sob um ângulo diferente, desenvolvendo uma dialética mais fina. Postular a existência de um objeto e deduzir o que resulta dessa hipótese não basta; é preciso ainda postular a inexistência do mesmo objeto e considerar os novos resultados. Vai-se, doravante, considerar a existência do Uno e procurar o que resulta para ele, em seguida para os outros, e, simetricamente, considerar a inexistência do Uno e procurar o que daí resulta para ele, em seguida para os outros. Isso deveria dar oito possibilidades, conforme o foco recaia sobre o *Uno* ou o *ser*, *sobre si mesmo* ou os *outros*, sobre sua *afirmação* ou sobre sua *negação*. Ora Platão propõe de fato nove hipóteses, surgindo uma terceira sem aviso prévio após o enunciado das duas primeiras. Essa estranha hipótese, que embaraçou os intérpretes a ponto de ser às vezes recusada, parece, entretanto, indispensável à constituição do conjunto, como reconheceram os neoplatônicos, sobretudo Proclo e Damáscio.

A primeira hipótese (H1), se o *Uno* é, considera a unidade inefável que se retira aquém do ser. A segunda (H2), se o Uno *é*, põe o peso da pergunta no ser que eclipsa o Uno. A posição respectiva do *uno* e do *ser*, doravante em número de duas, acarreta uma série de afirmações de H2 que respondem às negações de H1. Se o *Uno*, a se exceder incessantemente, se despoja dos Múltiplos, como passar à *segunda* hipótese? Se o Dois se repercute ao infinito, como explicar a posição da *primeira* hipótese? A terceira hipótese, H3, intervém, então, em um relâmpago "instantâneo", *exaiphnès* (156d), para mostrar como o Uno jorra dos Múltiplos e os Múltiplos do Uno, separando a via direita das hipóteses (posição relativa do ser) de sua via esquerda (posição absoluta do ser). H3 ordena o quadro das outras hipóteses invertendo a ordem e articulando as hipótese H2, H4, H6, H8 à sua direita, e as hipótese H1, H5, H7, H9 à sua esquerda.

VIA ESQUERDA	VIA DIREITA
H1: se o *Uno* é ⇒ *nada* do Uno	H2: se o uno *É* ⇒ *tudo* do Uno

H3: *to exaiphnes:*
O *Uno* é e não é ⇒ *tudo* e *nada*

H5: se o *Uno* é ⇒ *nada* dos outros	H4: se o uno *É* ⇒ *tudo* dos outros
H7: se o *Uno* não é ⇒ *nada* do Uno	H6: se o uno *NÃO É* ⇒ *tudo* do Uno
H9: se o *Uno* não é ⇒ *nada* dos outros	H8: se o uno *NÃO É* ⇒ *tudo* dos outros

A via ímpar das quatro hipóteses sobre o *Uno* é a da Unidade exclusiva de toda multiplicidade; a via par das quatro hipóteses sobre o *Ser* é a da Multiplicidade que autoriza a participação dos seres. As duas vias permaneceriam alheias uma à outra se a hipótese do *instantâneo* não viesse fulgurar entre elas, cruzando o conjunto. *Exaiphnes*, "ponto de chegada e ponto de partida para a mudança do móvel que passa ao repouso como para a do imóvel que passa ao movimento" (156*e*), será interpretado pelos neoplatônicos como a natureza da *alma* que aparece a si mesma como unidade e multiplicidade, afirmação e negação, estabilidade e imobilidade, temporalidade e eternidade. A alma é a tecedura operatória das hipóteses sobre o Uno e o Ser, ordenadas em torno do ponto central que distribui seu ciclo sem se reduzir a elas. Resulta daí que a disposição em quiasma das oito hipóteses em torno da terceira revela a estrutura da alma, que é a morada das oposições, à imagem de Héstia, que é a morada das procissões celestes. Há uma figura pentádica que rege o conjunto das hipóteses. H3, a hipótese da *alma* em sua atividade de *pensamento instantâneo*, puro surgimento entre o jogo das oposições, é a orientadora da rede das hipóteses afirmativas do *ser* (H1, H2, H5, H4) e da rede das hipóteses negativas do *nada* (H7, H6, H9, H8).

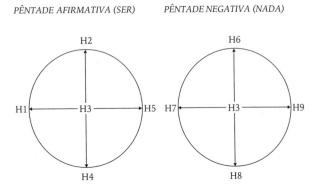

PÊNTADE AFIRMATIVA (SER)   PÊNTADE NEGATIVA (NADA)

Se as duas classificações forem unificadas em um único diagrama, obtém-se a rede completa das nove hipóteses (Mattéi, 1983). Aquém dos polos positivo e negativo, cuja conexão ele assegura, o *exaiphnés* dá vida e movimento à *comunidade* das hipóteses, efetuando a integração do Uno e dos Múltiplos. A orientação das oito vias destaca a coesão universal dessa estrutura pentádica que Platão vai identificar com a Alma do mundo e com a alma do homem.

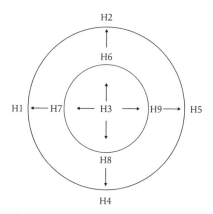

O conjunto do "jogo laborioso" de *Parmênides* (137b) chega assim à revelação da estrutura geral da alma e do cosmos com base no ponto de encontro do *exaiphnés*, em que o tempo e a eternidade trocam suas determinações. Fonte pura do conhecimento, a alma é esse centro móvel cujo poder de negatividade articula a torrente permanente das hipóteses contrárias. Ele é o próprio ato de *pensar, to dianoeisthai,* cuja realidade dialética reencontra a definição do *Teeteto*: "Não há outra coisa, para a alma, senão dialogar, *dialegesthai,* dirigir a ela mesma as perguntas e as respostas, passando da afirmação à negação" (189*e*-190*a*).

III – Os cinco gêneros do ser

O *Sofista* é, sem dúvida, com o *Parmênides* e o *Filebo*, um dos três ápices da teoria platônica das Formas. Seguindo o estudo dos gêneros supremos do ser, reconhece-se como a filosofia opera o deslocamento de uma *figura* divina, Héstia, a mais abstrata das divindades do Panteão grego, para uma ideia metafísica, Ousía, a mais concreta das formas inteligíveis. Se a dialética pratica ainda uma série de divisões dicotômicas para definir o sofista, ela não se reduz a um procedimento lógico. A pesquisa é feita com base no maior dos gêneros, o "ser", τὸ ὄν, ao qual as antigas cosmogonias estão vinculadas, valendo-se de um par de princípios. Deixando de lado as doutrinas unitárias ou pluralistas, o jogo das oposições se cristaliza com a luta dos Filhos da Terra e dos Amigos das Ideias que travam "um combate de gigantes a respeito da *ousía*": os primeiros, agarrando-se aos carvalhos e aos rochedos que são para eles a única realidade tangível, identificam "o corpo", *soma*, e "a essência", *ousía*, enquanto os outros, nas alturas do invisível, tomam as ideias inteligíveis pela "verdadeira *ousía*" (246a-b).

O Estrangeiro de Eleia propõe uma definição do ser como o poder de ligar os diferentes gêneros entre si sob a forma de uma "comunidade" (κοινωνία) regulada por operações lógicas específicas. Platão abandona aqui o registro da *ousia* do *Fedro* para definir o ser mediante o termo τὸ ὄν, passando da palavra mítica ao discurso filosófico graças à *neutralização da essência*. O ser, colocado pela primeira vez como "poder de comunidade", vai estabelecer diversas espécies de vínculo entre as formas mais elevadas, "Mobilidade" e "Estabilidade" (στάσις καὶ κίνησις), "Mesmo" e "Outro" (ταῦτον καὶ θάτερον), até que se perceba que esses quatro gêneros têm um poder de comunicação em uma mesma *morada*. O primeiro par, de ordem física, associa dois termos femininos em grego, enquanto o segundo par, de ordem lógica, põe em presença dois termos neutros. *Stasis* e *kinesis* representam as determinações cosmológicas da *ousía*, fazendo eco ao círculo das almas em volta da morada de Héstia, enquanto *tauton* e *heteron* manifestam as operações lógicas da alma confrontada com as formas puras.

O conjunto da análise dialética, ciência que consiste em "não tomar por outra (ἕτερον) uma forma (εἶδος) que é a mesma (ταὐτὸν), nem pela mesma (ταὐτὸν) forma que é outra (ἕτερον)" (253d), é realizado mediante os gêneros do Mesmo e do Outro, que incidem ora sobre o primeiro par ora sobre si mesmos. A sequência da análise levará, a partir da hipótese de uma comunidade dos gêneros, a ordenar os dois pares Mobilidade-Estabilidade e Mesmo-Outro no interior de uma esfera única, cuja pedra angular permanece o ser. Mas o ser não se reduz a uma das quatro formas, a um dos pares ou ao conjunto dos dois pares, ou seja, à tétrade das formas cosmológicas. No sentido mais amplo do termo, o *ser* é neutro, pois ele não é *nem* mobilidade *nem* estabilidade, *nem* mesmo *nem* outro, embora os quatro, inevitavelmente, *sejam*.

O ser funda no *Sofista*, em uma perspectiva puramente lógica, a comunidade dos cinco gêneros supremos, porque ele é essencialmente poder de comunidade e, enquanto tal, figura do Todo.

As análises dialéticas do *Sofista* continuam a ser conduzidas com base na figura mítica do cosmos que imprime sua marca no conjunto do diálogo. A busca do Estrangeiro está centrada na *ousía*, da gigantomaquia cosmogônica relativa à *ousia*, à análise da participação dos gêneros, na qual o termo *ousía* interfere com os termos *on* e *einai*, aproximando-se da expressão *pantelos on*, que define "a esfera inteira do ser" (248c). É, com efeito, no centro do mundo, nesse *omphalos* primitivo da *ousía*, mutação mitológica da figura de Héstia, que se trava o combate de gigantes dos Amigos das Ideias e dos Filhos da Terra. Quando Platão quer insistir sobre a comunidade de essência da Mobilidade e da Estabilidade do cosmos, ele substitui o termo *ousía* pela palavra *on*, o ser ligado a outras determinações no processo do conhecimento. Mas quando ele fala de "região" ou de "morada", e não simplesmente de "ser", a figuração mítica desdobra de novo a abertura do mundo aquém da argumentação dialética; esta será estabelecida em seguida sobre o campo pré-ontológico em questão, a fim de demarcá-lo de parte a parte segundo o método dicotômico.

Os dois pares do *Sofista* representam a transposição lógica da figura mítica da Terra e do Céu, dos homens e dos deuses, sob a quíntupla forma da Estabilidade e da Mobilidade, da Alteridade e da Identidade, reunidas sob a égide do Ser. Em ambos os casos é o mesmo termo de *koinonia* que acompanha a transposição do *muthos* ao *logos*, de Héstia-Ousía a Ousía-On, para chegar à constituição do *on*, quintessência ontológica da *ousía*. A neutralidade do termo lógico, que salvaguarda sua alteridade em relação às formas que articula, permite à filosofia abrir o campo de uma ontologia possível a toda teoria do conhecimento. À imagem das almas que, chegadas à Planície da Verdade, não olham mais para trás, para a morada de Héstia, a filosofia vira doravante as costas ao mundo da mitologia, cujos ecos da *ousía* deixam ouvir o bem fundado da comunidade original.

Os cinco gêneros do ser formam um grupo completo ou não constituem uma enumeração rapsódica? Deve-se ver nessas formas extraídas da totalidade das Ideias que ocupam a Planície da Verdade "aquelas que são chamadas *as maiores*" ou "aquelas que são qualificadas como *muito grandes*"? Ora, as análises dialéticas do Estrangeiro demonstram que esses cinco gêneros bastam para definir a comunidade ordenada do ser. A *teoria* das formas inteligíveis, cuja contemplação funda a comunidade dos coros celestes, e a *procissão* circular das almas, que assegura o conhecimento do cosmos, devem se achar unidas em uma única comunidade. Esse conjunto ideal é figurado no mito pela unidade sinóptica da Planície da Verdade e, paralelamente, pela unidade da *ousía* do ser que se dá de uma só vez, em 247*c* 7, em uma ocorrência simétrica da *ousía* da alma que intervém em 245*e* 4. É a *ousía* do ser, em sua comunidade dos cinco gêneros, que forja a *ousía* da alma, em sua comunidade das cinco formas, sob a qual ainda se verá manifestar.

É preciso, ademais, se assegurar de que o grupo dos cinco gêneros do ser constitui uma única comunidade. A prova disso é dada no corpo do texto. Teeteto declara nitidamente ao Estrangeiro, que perguntou se ele aceitava "cinco" gêneros distintos (*pente*): "É impossível que se consinta em reduzir esse número abaixo da cifra claramente obtida há pouco" (256d). Mas, se tal número é claro, é igualmente impossível aumentá-lo mais. O conjunto das análises consagradas à *koinonia* permite facilmente verificar que Platão atribui cinco vezes no *Sofista*, e unicamente cinco vezes, o número cinco à comunidade dos gêneros (254e-256d).

IV – Os cinco fatores do Bem

O *Filebo* retoma os gêneros supremos por ocasião do debate que opõe Sócrates, partidário da soberania da sabedoria, a Protarco e Filebo, defensores da supremacia do prazer. É possível que não sejam nem a sabedoria nem o prazer que definem a vida feliz, mas uma mistura de ambos, pois uma vida reduzida só ao prazer ou unicamente à sabedoria não teria nenhum sentido. Sócrates faz notar que há em todos os seres mais e menos, excesso e falta, que resulta do "ilimitado", enquanto o "limite", como a igualdade ou a quantidade, impõe sua medida ao ilimitado. Se as realidades existentes são por sua vez o efeito da "mistura" dos dois primeiros gêneros, é preciso colocar a "causa" como a origem da mistura, o que dá quatro princípios. Talvez seja preciso "um quinto" (*pemptou*), nota Protarco, que efetua a "distinção", *diakrisis*, entre os outros, o que Sócrates não contradiz.

Concorda-se em afirmar que a lei é aparentada ao "limite", τὸ πέρας, a inteligência à "causa", ἡ αἰτία, o prazer ao "ilimitado", τὸ ἄπειρον, e a vida mista à "mistura", τὸ μεικτὸν. Na sequência de uma série de deslocamentos dentro de um esquema lógico de cinco termos, a Justa Medida, identificada com a ocasião favorável, ὁ καιρός, se introduz na classificação para tomar o primeiro lugar e se identificar ao Bem. Em uma primeira divisão ternária, Sócrates distingue os componentes da mistura da vida boa: 1/ os conhecimentos; 2/ os prazeres puros; 3/ a verdade, que é sua condição comum. O fator que precipita os elementos da mistura em um todo único é essa "causa" que, sob a dupla forma da "medida", *metron*, e da "proporção", *summetria*, realiza a beleza à qual se acrescenta a verdade para iluminar a mistura. Essa segunda divisão ternária conduz a duas classificações: a primeira exprimindo os três componentes da vida mista, a segunda, as três formas de que o Bem se reveste para regular essa vida. Esses dois ternários constituem evidentemente uma única classificação quinária:

Componentes da vida feliz	1/ conhecimentos	2/ prazeres puros	3/ verdade
Formas do Bem	1/ beleza	2/ proporção	3/verdade

As duas séries estão articuladas uma a outra pela mediação da verdade, que é simultaneamente o terceiro elemento da vida feliz e o terceiro aspecto do Bem. Se os seis elementos dos dois ternários forem hierarquizados privilegiando as formas mais altas do Bem, o seguinte quadro será formado (A):

	1/ Beleza	
	2/ Proporção	Formas do Bem
(A)	3/ *Verdade*	
	4/ Conhecimentos	Componentes da vida feliz
	5/ Prazeres puros	

Sócrates modifica essa hierarquia substituindo a mediação da verdade pela inteligência e sabedoria. A verdade como *luz do ser* aparece doravante identificada à "inteligência", o poder da alma devotado, à busca do verdadeiro. Aparece um novo quadro (B) cujo elemento central foi reforçado pelo advento da inteligência, sempre em competição com o prazer.

	1/ Beleza	
	2/ Proporção	Formas do Bem
(B)	3/ *Inteligência*	
	4/ Conhecimentos	Componentes da vida feliz
	5/ Prazeres puros	

Uma última modificação permite chegar à escala final dos bens. As duas primeiras posições são modificadas sem que a hierarquia em cinco níveis seja alterada. A Justa Medida, *to metrion*, o Medido, *metron*, e a Oportunidade, *kairion*, tomam o primeiro lugar, conquanto a Medida se encontra na segunda posição com a Proporção. Em compensação, a beleza, *kalon*, desce para o segundo lugar, onde encontra a Proporção, doravante distinta da Medida, assim como duas novas formas do Bem: "o que é perfeitamente acabado e suficiente". A Medida, identificando-se ao *kairion* para ganhar no momento decisivo – *bem a tempo* –, distinguiu-se da Proporção. As três últimas posições conservam seu lugar: a inteligência e a sabedoria ganham dos conhecimentos associados às artes e às opiniões retas e dos prazeres puros da alma:

        1/ Justa Medida e Oportunidade
        2/ Proporção, Beleza, Plenitude e Suficiência
(C)   3/ Inteligência e Sabedoria
        4/ Conhecimentos, Artes e Opiniões retas
        5/ Prazeres puros da alma

Na primeira posição, *o Bem como Causa*, sob o aspecto do que chega no momento certo. Em segundo lugar, *os efeitos do Bem* são as formas de equilíbrio dos seres: Proporção, Beleza, Plenitude e Suficiência. Em terceiro, o lugar central da busca, *a Inteligência como Causa*, ou a *Sabedoria*, que defende desde o início a *Causa do Bem*. Em quarto lugar, *os efeitos da inteligência* na vida feliz: Conhecimentos, Artes e Opiniões retas. Em quinto lugar, *as emoções da alma* ante as produções da inteligência, pois os prazeres puros dependem da satisfação experimentada na contemplação dos conhecimentos.

A pretensão da inteligência e do prazer de encarnar o Bem é rejeitada, pois nenhum dos dois tem Medida nem Plenitude. É a Justa Medida que aparece no momento certo para repelir o Prazer puro para o último lugar. Mas é a Inteligência que, na escala final de Bens (C), substituindo a verdade e o ser, ocupou o lugar central: dirigindo seus olhares para as posições do alto, a fim de se inspirar no Bem, ela comanda para baixo os elementos mistos da vida feliz. Sócrates pode então encerrar o debate ironicamente notando que a Inteligência é mais aparentada ao vencedor que ao vencido. O desdobramento da Medida e da Proporção permitiu empurrar o prazer para o mais longe possível e introduzir o *kairion* como inflexão decisiva da procura. É *no momento certo* que a Justa Medida coloca o Bem no primeiro lugar, estabelecendo os níveis finais da vida feliz (D):

(D)
1/ *A Causa* do Bem
2/ *Os efeitos* do Bem
3/ *A Causa* da Inteligência
4/ *Os efeitos* da Inteligência
5/ *Os prazeres da alma* ante a ordem do Bem

As cinco posições do Bem não deixam de evocar os cinco gêneros do ser do mesmo diálogo que, desde o início, inspiraram a busca. Se Sócrates menciona somente quatro gêneros – Ilimitado, Limite, Mistura e Causa –, em que seu parceiro pedia um quinto, é razoável pensar que, ante a *mistura* produzida pela Causa, é preciso operar uma *discriminação* entre as outras espécies para uni-las à mesma comunidade. Além disso, a dialética é exatamente o conhecimento supremo que *distingue* as espécies dentro de um gênero único e que une no mesmo gênero a pluralidade das espécies. O quinto gênero da discriminação desempenha, assim, um papel fundamental de uma ponta a outra do diálogo. Esses cinco gêneros, diferentemente das cinco formas do *Sofista*, dependem da ordem cosmológica e, enquanto tal, do mundo sensível. Toda coisa existente é um misto composto de limite e de ilimitado, e é produzida por uma função causal que demanda uma função discriminadora capaz de separar o que a precedente une. A recapitulação final de Sócrates expõe indiretamente essa *diakrisis* deixada na sombra. Portanto, tem-se o direito de pôr em paralelo o *kairion*, em primeiro lugar na escala dos bens, e a função discriminante, quinta na lista dos gêneros. Um, sem ser nomeado, encontrou seu lugar – o primeiro; a outra, que foi nomeada, não encontrou seu lugar – o último. Como ela mede a escala completa da vida feliz, pondo cada componente em seu lugar, a *diakrisis* mede a mistura dos gêneros e mantém separado o que a causa une. É o que deixa entender o fim do texto. A Protarco que perguntava se não era preciso *"ainda um quinto* [gênero] *para separar"* os precedentes, *kai pemptou diakrisin* (23d9), Sócrates responde nos mesmos termos, afirmando que o prazer vem *"em quinto de acordo com o julgamento"* que acaba de ser feito, *pemptou kata ten krisin* (67a14). É efetivamente "uma pequenina coisa", *smikron*, segundo a pirueta final de Protarco, o eclipse *dialético* derradeiro do prefixo da *dia*krisis.

4
Cosmos.
A ordem do mundo

O longo circuito da dialética entre as Formas não deve fazer esquecer que o projeto principal de Platão é explicar o motivo da inteligibilidade do mundo, ὁ κόσμος, retomando o caminho da caverna. Seja qual for a beleza das Ideias que alimentam a alma do filósofo quando ele contempla a Planície da Verdade, ele deve voltar a descer à terra e, segundo a expressão do *Filebo*, reencontrar o caminho de casa. O lugar invisível chama o mundo visível cujos diversos elementos, separados das Formas que lhes dão sentido, se constituem segundo esquemas matemáticos oriundos das operações da alma. É preciso, por conseguinte, voltar ao mundo sensível para considerar a constituição do céu e harmonizar os ciclos da alma com os períodos cósmicos. O *Timeu* assegura o nascimento comum do mundo, da alma e do tempo segundo um conjunto complexo de procedimentos matemáticos e físicos. Dessa vez, e eis toda a originalidade da "narrativa verossímil", *eikos mûthos* ou *eikos logos*, a formação matemática do universo se exprime por meio de um discurso, o do pitagórico Timeu de Locres, que não dissimula sua dimensão mítica.

Complementar da narrativa da caverna, a narração do *Timeu* apaga a oposição nítida do *muthos* e do *logos*, assim como a superioridade do discurso argumentativo sobre a narração simbólica que a tradição crê reencontrar no ensinamento platônico. Se nosso mundo deve ser "a imagem de alguma coisa", *eikona tinos* (28*b*), segundo o procedimento constante de Platão, é preciso começar pelo começo e procurar qual é o nascimento do universo ou, se se preferir, qual é a origem da caverna. Ou seja, como toda pesquisa sobre os princípios das coisas, mesmo a teoria moderna do "Big Bang", a narração de Timeu se dá explicitamente como um mito, enquanto tal nem verdadeiro nem falso, já que é impossível ao homem ser testemunha do começo do universo. Isso não impede que Platão apresente, pela primeira vez na história do pensamento, uma exposição cosmológica que propõe um modelo matemático do universo físico com base em axiomas iniciais de natureza metafísica, é certo, mas cuja argumentação é estritamente hipotético-dedutiva. Werner Heisenberg, um dos pais da mecânica quântica, não hesitará assim em reconhecer no *Timeu* a primeira teoria físico-matemática baseada na formação dos componentes elementares da realidade.

I – O sistema do cosmos

O problema crucial do Timeu deve-se ao número de elementos e de causas que intervêm na ordenação do universo. O texto apresenta três divisões ternárias que Platão consegue fundir em um todo único. A primeira divisão precede as análises, em 27*d*-29*b*, para distinguir os dois modelos de realidade e o demiurgo. O quiasma "o que sempre é, sem jamais vir a ser" e "o que sempre advém, sem jamais ser" (27*d* 6-7) está presente. Essa primeira divisão mimética não se contenta em opor os dois modelos de universo: ela introduz como terceiro o próprio demiurgo, nomeado duas vezes por seu nome (28*a*, 29*a*), ou qualificado de maneira simbólica de "fabricante" e de "pai" do universo (28*c*), em função das duas redes de imagens artificialistas e genéticas.

Essa divisão mimética retoma, modificando-a insensivelmente, a tríade das camas de *A República*: o modelo ideal, sempre idêntico a si mesmo, vem em primeira posição perante o demiurgo, cujo papel de organizador não se confunde com o papel criador do fiturgo. A cópia sensível, que não é diferenciada em ícone e ídolo, encontra-se, ao contrário, alçada à posição de modelo potencial, mas inferior ao modelo eterno, cuja primazia ela disputava. É a partir dessa divisão que Timeu efetua duas divisões suplementares que desembocam em dois novos esquemas triádicos. A segunda divisão, de ordem etiológica (31*a*-44*d*), distingue da função demiúrgica, considerada causa motriz, os dois produtos de sua atividade. O demiurgo fabrica efetivamente o corpo do mundo, assim como a Alma do mundo, mencionada após o corpo, mas formada antes dele, visto que deve comandá-lo. Por ocasião dessa divisão etiológica, relacionada à causa demiúrgica ali onde a divisão mimética era reportada ao ser eterno, o mundo se encontra interpretado segundo a ordem da inteligência, noûs, já que a formação da Alma do mundo, a partir da dupla tetraktys (conjunto de quatro números primos), como a fabricação do corpo do mundo, a partir dos quatro elementos, obedecem à causalidade verdadeira – a pura racionalidade, que cruzará em seguida a necessidade.

A última divisão, dessa vez de natureza *ontológica* (48e-53b), retoma dois dos termos da primeira divisão, o ser eterno e a realidade em devir, para introduzir entre eles o gênero da *khora*, que substitui a ação do demiurgo. Um esquema triádico que responde dessa vez à ordem da necessidade (presença da *khora*), e não da inteligência (ausência do *demiurgo*), está sempre presente. Ele é composto da "espécie do modelo, espécie inteligível e que permanece sempre idêntica" (48e) e da "cópia do modelo" (49a), sujeita ao devir e visível, entre as quais se introduz, como "terceira espécie", o receptáculo da *khora*. Essa divisão ontológica substitui a divisão mimética articulando-se à divisão etiológica, cada uma das três divisões destacando o fator determinante de sua classificação: o *ser eterno* para a divisão mimética, o *demiurgo* para a divisão etiológica e a *khora* para a divisão ontológica.

Se essas três divisões e as instâncias cósmicas que elas distinguem para montar a esfera do todo se aproximarem, se obterá, em função das ordens complementares da inteligência e da necessidade, uma dependendo da causalidade finalista de dimensão ética, a outra da causalidade mecanicista de dimensão física, um sistema cosmológico completo:

1. O *demiurgo*, surgido como terceiro em relação aos dois pares constituídos pela divisão mimética e a etiológica. No primeiro caso, o ser eterno e o ser em devir são os únicos *modelos* possíveis; no segundo caso, a alma do mundo e o corpo do mundo são os únicos *produtos* possíveis.
2. As *Formas inteligíveis*, inscritas pela primeira divisão no modelo eterno, for-

mam par na terceira divisão com as realidades sensíveis.

3 A *khora*, à imagem do demiurgo que ela substitui na terceira divisão, intervém como terceiro no par das Formas inteligíveis e das realidades sensíveis.

4 A *Alma do mundo*, primeiro efeito da ação demiúrgica, integra em sua constituição a inteligibilidade das Formas puras.

5 O *Corpo do mundo*, segundo efeito da ação demiúrgica, obedece aos comandos da alma devido à ação obscura da *khora*.

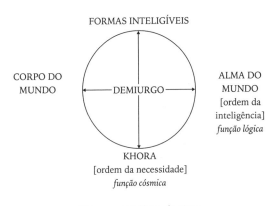

Sistema cosmológico do *Timeu*

A *khora* desempenha nesse dispositivo um papel essencial demandado pela modelagem das Formas. Material primitivo, qualificado de "receptáculo", de "ama de leite", de "aquilo em que" as imagens das Formas vêm se fixar, enfim, de "território", de "sede" ou de "lugar", a *khora* é uma espécie de buraco na trama do sensível pelo qual sopra a eternidade. A cada instante, o inteligível dá forma aos elementos materiais do mundo, produzindo os "esquemas das Ideias e dos Números" (53*b*), dos quais se originaram as cópias sensíveis. Esse receptáculo anterior à constituição do Céu é comparável a uma *câmera obscura*, na qual as Formas inscrevem sua marca. A modelagem da caverna, como se observou muitas vezes, anuncia a invenção do cinematógrafo, porque o antro ctoniano produz imagens animadas e sonoras (*fantasmas*) na tela subterrânea a partir do desenrolar das imagens fixas, que são os objetos carregados pelos homens atrás da parede (*ícones*). A modelagem da *khora* repousa, por sua vez, no princípio da fotografia, já que ela fixa a inscrição da luz em uma matéria amorfa e remanescente. A *khora* é uma gigantesca câmara escura dentro da qual o cosmos vai receber o conjunto de suas determinações. Ela é então verdadeiramente "aquilo em que" as formas recortadas assumem uma figura sensível e, ao mesmo tempo, "aquilo de que" elas são formadas, o material constitutivo das imagens modeladas pelos arquétipos, ou seja, sua *figuração simbólica* cuja manifestação é o mito. A exemplo de um suporte virgem sobre o qual se conservam, invisíveis, os traços físicos do modelo antes de liberar a positividade da imagem, a *khora* aparece como o negativo da Ideia que contém a marca das Formas e dos Números.

Seu papel essencial equivale a inscrever a função lógica na função simbólica que se identifica com a função cósmica da alma, ou seja, com a figura do universo. Compreende-se, então, que a imagem arquetípica da *khora*, na intersecção das Ideias e das Sombras, seja encarnada pelas figuras ctonianas da caverna que voltam de maneira recorrente nos mitos de Platão. Nesse estranho lugar onde reina uma quase obscuridade, as Formas inscrevem seus *esquemas* – as figuras que os manipuladores de marionetes agitam atrás da parede – sobre a tela subterrânea. É, sem dúvida, a caverna, matriz do universo sensível, que produz por si mesma os esquemas operadores de imagens com a ajuda das ferramentas carregadas por esses filhos da Terra, que são os agentes do invisível por trás do pedacinho de parede.

II – A formação da Alma do mundo

Para compor dialeticamente a Alma do mundo a partir de várias Formas, Timeu apela, então, para a figura do artesão cósmico, o demiurgo, o qual, em sua bondade, desejou que os elementos das coisas, submetidas a uma desordem inicial "sem razão nem medida" (52*b*), fossem o máximo possível semelhantes a ele. O operário divino, que encarna a função racional do universo, escolhe inicialmente "a essência (*ousía*) indivisível que se conserva sempre idêntica" – entendamos: o limite da Ideia em sua função de estabilização que evoca o *peras* do *Filebo*. Em seguida, ele toma "a essência (*ousía*) sujeita ao devir e divisível" (35*a*), em que se reconhece o movimento de ilimitação do *apeiron*. Ele efetua, então, uma primeira mistura a partir das duas formas, para daí tirar "uma terceira essência intermediária" que não tem nenhum nome. Sabe-se somente que essa terceira essência possui duas propriedades: ela é média entre a indivisibilidade e a divisibilidade, as quais estão relacionadas com duas outras instâncias que Platão qualifica de *phusis*. A terceira essência apresenta efetivamente relações com "a natureza do Mesmo e a do Outro" e assemelha-se ao indivisível e ao divisível segundo os corpos "destas", *autôn*. A dificuldade do texto deve-se a esse genitivo plural presente em todos os manuscritos: se ele se referir à *phusis* do Mesmo e do Outro, que Lachelier (1902) traduzia por "potência", cinco componentes estarão presentes: duas *essências* (*ousiai*) e duas *potências* (*phuseis*) que serão conjugadas na *mistura* final.

O demiurgo prepara em seguida uma segunda mistura com os ingredientes precedentes (indivisível, divisível, mistura), forçando "a natureza do Outro" a se dobrar "àquela do Mesmo", o que parece indicar que essas duas naturezas, de ordem *lógica*, são distintas das "essências" iniciais, de ordem *cósmica*. Se Lachelier for seguido, serão obtidos cinco ingredientes no precipitado final da Alma do mundo: a *essência* indivisível (do Repouso), a *essência* divisível (do Movimento), a *potência* do Mesmo, a *potência* do Outro e a *mistura* do Ser, que resulta da dupla manipulação. A obscuridade do texto vem da imprecisão dos ingredientes da primeira mistura (essência indivisível, essência divisível, essência intermediária); pois, relacionando essas três essências, o demiurgo depara com a resistência dos dois novos elementos, nomeados "potências", que não haviam aparecido no começo. Se as nuanças de vocabulário entre *ousía* e *phusis* forem levadas em conta, as essências anônimas do indivisível e do divisível, análogas à Estabilidade e à Mobilidade do *Sofista*, curvam-se às potências do Mesmo e do Outro que se encontram mencionadas sob seu nome.

Esses ingredientes da Alma do mundo provêm de uma operação dialética que prepara o ordenamento cosmológico. O demiurgo vai, com efeito, tirar de sua composição final uma estrutura harmônica sugestiva cujos cálculos demonstram uma influência pitagórica. Ela é constituída por uma dupla progressão geométrica de razão 2 (1, 2, 4, 8) e de razão 3 (1, 3, 9, 27), que é cômodo dispor em um diagrama em forma de lambda maiúsculo (Λ) segundo um esquema que se encontra em Proclo. Essa figura tem, de cada lado do ângulo, os números respectivos da série par e da série ímpar. O último desses números (27) é igual à soma dos seis precedentes (1+2+3+4+8+9=27).

Platão

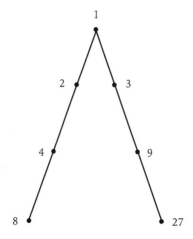

A *tetraktys* da Alma do mundo

A dupla *tetraktys* é, em seguida, dividida em sete partes pelo demiurgo que distribui igualmente o par e o ímpar invertendo os números 8 e 9 para equilibrar as potências de 2 e as potências de 3. Essa operação cosmológica, que permite distinguir a rotação das estrelas fixas da dos planetas, é ao mesmo tempo musical, porque a escala de Pitágoras é construída a partir das combinações dos números 2 e 3. A progressão segundo o fator 2 dá efetivamente as oitavas por duplicações sucessivas dos intervalos (1, 2, 4, 8 = Do_1, Do_2, Do_3, Do_4...), enquanto a progressão segundo o fator 3 forma os duodécimos exatos (1= *Do*, 3=*Sol*, 9= *Ré*, 27= *Lá*, 81=*Mi*, 243=*Si*...). Pode-se, então, preencher os intervalos musicais duplos ou triplos para formar a escala completa com a ajuda de duas proporções contínuas ou "mediadas", uma *aritmética* (de tipo 1, 2, 3), a outra *harmônica* (de tipo 3, 4, 6), bem conhecidas pelos pitagóricos, em particular por Arquitas. O intervalo dos números de 1 a 2 será composto dos números 1 (Tônica), 4/3 (Quarta), 3/2 (Quinta) e 2 (Oitava); o tom, cujo valor é de 9/8, situa-se entre a quarta e a quinta, visto que 3/2 : 4/3 = 9/8. A Alma do mundo é assim composta de cinco tons maiores iguais entre os quais é intercalado como "resto", *leimma*, o intervalo de 256/243 (= 1,053), medida do semitom diatônico da escala natural de Pitágoras; um pouco mais fraco do que o nosso semitom temperado (16/15 = 1,066). O demiurgo toma agora o tecido harmônico da Alma, fende-o em dois segundo o comprimento e, cruzando as duas tiras uma sobre a outra, forma uma figura semelhante a um χ (36*b*). Curvando-as para fazer um círculo que junta as extremidades de cada tira, ele obtém um primeiro círculo exterior, denominado círculo do Mesmo (o Equador), que é o círculo no qual se movem as estrelas para a direita, ou seja, de leste para oeste.

O círculo interior é o do Outro (a Eclíptica), no qual giram os sete corpos celestes do mito de Er (os cinco planetas, o Sol e a Lua), segundo uma rotação em sentido contrário, para a esquerda – entenda-se: de oeste para leste. O demiurgo põe em seguida o centro da Alma no centro do corpo do mundo, ajusta a ambos, de modo que a Alma, envolvendo o céu do exterior, se põe a girar sobre si mesma, engendrando o movimento do universo. Assim nasceu o tempo que, por progredir ao ritmo do Número, é "uma espécie de imagem móvel da eternidade" (37d).

III – A formação do corpo do mundo

Para formar em seguida o Corpo do mundo, segundo a ordem da necessidade, o demiurgo parte dos quatro elementos tradicionais – o fogo, o ar, a água, a terra – e associa-lhes quatro poliedros regulares oriundos da combinação geométrica de triângulos equiláteros, provenientes eles mesmos de triângulos retângulos isósceles e escalenos: 1/ o tetraedro (a pirâmide); 2/ o octaedro; 3/ o icosaedro; 4/ o hexaedro (o cubo). Um sólido regular é um corpo matemático cujos lados são todos polígonos regulares idênticos. Os pitagóricos foram os primeiros a demonstrar que, entre a infinidade de polígonos regulares, cinco poliedros regulares somente são susceptíveis de ser construídos em nosso espaço de três dimensões. A teoria geral disso foi feita nos meios da Academia, sem dúvida por Teeteto, o que explica a expressão de "corpos platônicos" dada mais tarde pela tradição.

	Tetraedro	Octaedro	Icosaedro	Cubo	Dodecaedro
Figuras	Triângulos equiláteros	Triângulos equiláteros	Triângulos equiláteros	Quadrados	Pentágonos
Lados	4	8	20	6	12
Ângulos	3 de 60°	4 de 60°	5 de 60°	3 de 90°	5 de 108°
Pontas	4	6	12	8	20
Arestas	6	12	30	12	30
Elementos físicos	fogo	ar	água	terra	mundo
Triângulos elementares	24 escalenos	48 escalenos	120 escalenos	24 isósceles	12 pentágonos irredutíveis a triângulos

A ordem da necessidade deve se compor com os elementos tradicionais – fogo, ar, água e terra –, no estado de traços desordenados na *khora*, antes que eles recebam seus esquemas inteligíveis sob a ação das Ideias e dos Números. O demiurgo associa a cada um dos quatro elementos físicos os quatro primeiros poliedros regulares, de modo que estabelece uma composição harmônica no Corpo do mundo. Não se trata mais aqui de encontrar uma mediedade geométrica, ou seja, uma proporção contínua entre três termos, de modo que a relação do primeiro para o segundo seja idêntica à relação do segundo para o terceiro, pois essa operação se refere somente à geometria em duas dimensões. Trata-se de descobrir, no espaço real de três dimensões da estereotomia, as duas médias capazes de unir os quatro termos presentes. Para harmonizar efetivamente volumes que não têm só uma superfície, mas também uma profundidade, uma única mediedade se revela insuficiente: o demiurgo dispõe, assim, o ar e a água em posição média entre os elementos extremos do fogo e da terra, de tal forma que "aquilo que o fogo é para o ar, o ar o seja para a água, e que o que o ar é para a água, a água o seja para a terra" (32b), sendo o Corpo do mundo engendrado pela combinação dos quatro elementos segundo a proporção contínua:

$$\frac{Fogo}{Ar} = \frac{Ar}{Água} = \frac{Água}{Terra}$$

A correspondência dos quatro elementos físicos e dos quatro poliedros matemáticos leva a se deixar de lado o quinto sólido regular. O dodecaedro parece duplamente deslocado nesta cadeia de analogias: no plano matemático, seus doze lados pentagonais são irredutíveis aos triângulos elementares dos outros poliedros; no plano físico, ele é estranho a cada um dos corpos simples. Timeu menciona, entretanto, duas vezes a hipótese de uma "quinta" combinação (*pemptes*), vinculada à figura do quinto poliedro, e a hipótese de cinco mundos, em vez de um único (55c 5, d 2-3; 31a). Ora, tal singularidade, que corresponde simetricamente à da *khora*, também desprovida de nome próprio, incita a interrogar sua função cósmica. Cada um de seus doze lados é formado por um pentágono irredutível aos triângulos de que são compostos os outros quatro sólidos, inclusive o hexaedro regular ou cubo, cujos lados se encontram divididos em dois triângulos pela diagonal do quadrado. Se as cinco pontas do pentágono se unirem, cinco triângulos isósceles vão aparecer, formando uma estrela de cinco pontas cujos lados, interceptando-se, desenham um pequeno pentágono invertido em relação ao precedente: trata-se da figura mística bem conhecida do *pentagrama* ou *pentalfa*.

A especulação do *Timeu* sobre os cinco poliedros regulares terá prolongamentos consideráveis em matemática e em astronomia. Euclides coroará o edifício de seus *Elementos* com a construção dos cinco sólidos platônicos no livro XIII e exporá as propriedades do pentagrama e do dodecaedro nos livros IV, 11 e XIII, 17. Vinte séculos mais tarde, Johannes Kepler, em seu *Mysterium Cosmographicum* (1595), procurará associar as distâncias dos planetas aos cinco poliedros inscritos e circunscritos a esferas, na hipótese de uma arquitetura poliédrica secreta da Criação tornada visível pelo dodecaedro. Essa curiosa intuição levará Kepler a tornar-se o assistente de Tycho Brahé e a descobrir, por causa ou a despeito de suas especulações místicas sobre o *Timeu*, as três leis fundamentais da mecânica celeste. Vê-se por aí que as hipóteses de Platão sobre a constituição poliédrica do universo, apesar de míticas, não foram desprovidas de descendência racional.

Desenvolvimento natural do pentágono no espaço tridimensional, o dodecaedro representa simbolicamente a esfera do cosmos, o número do tempo e a estrutura da alma. Embora Timeu não lhe dê nome, como Sócrates no *Fédon*, atribui-lhe duas propriedades essenciais. Por um lado, ele está colocado em quinta posição na série dos cinco poliedros regulares; por outro, é aplicado ao Todo para "lhe acabar a figura" (διαζωγραφν) (55c). O διαζωγραφεῖν define a atividade demiúrgica como *animação do mundo* mediante a figura pintada do dodecaedro. O quinto sólido não é simplesmente um corpo decorado com figuras de animais em que se reconhecem os doze signos do Zodíaco nos seus doze lados: ele é a própria *inscrição da Vida*, em seu movimento periódico que responde ao que Platão chama de a Alma do mundo.

Essa figura viva do mundo não intervém somente na passagem consagrada ao dodecaedro; ela intervém no início da exposição, quando Timeu mostra que o cosmos não foi formado à imagem de "um dos viventes" (30c) contidos em seu interior, ou que o Todo não foi ordenado em função de seus elementos. São ao contrário esses últimos, os seres vivos, que foram formados pelo esquema matemático do Vivente em si. Se Platão não dá nome ao dodecaedro, é na medida em que o quinto poliedro, estrangeiro às trocas dos quatro elementos e dos quatro poliedros que nele se desenvolvem, é a estrutura ideal do Todo. A prova física disso é trazida quando Timeu justifica a esfericidade do mundo pela integração em um único Todo de todas as formas do vivente. A figura do cosmos é necessariamente esférica porque, como ela deve envolver todos os seres, "a figura que podia convir era aquela em que se inscrevem todas as outras figuras". Por conseguinte, o demiurgo decidiu "traçar", *diazographein*, a figura de uma esfera cujo centro está a igual distância dos pontos da periferia.

O dodecaedro platônico é o Vivente inteligível único, ou Zeus, a Alma universal cujo esquema inteligível, formando o ciclo do conhecimento, envolve os outros esquemas inteligíveis. É segundo esses esquemas, sob a ação obscura da *khora*, intermediária entre o dodecaedro inteligível e a esfera visível, que são modelados todos os seres vivos. Assim, Zeus toma a dianteira do cortejo dos deuses no mito do *Fedro* para percorrer o circuito completo do cosmos, que não é senão o movimento temporal da Alma. *O dodecaedro é a Alma do mundo* que, do centro às extremidades, dá vida, movimento e duração ao corpo inteiro, ou seja, ao *Céu*, a região onde reina Zeus. Reencontra-se, então, a imagem do *Fédon*: o mundo se parece com "uma bola colorida, no gênero das bolas de doze peças, e cujas divisões seriam marcadas por cores das quais as próprias cores daqui de baixo são como espécimes, particularmente aquelas que os pintores usam" (110*b*). A figura do dodecaedro *pintado* pelo demiurgo prolonga-se no livro X de *A República* com o jogo de cores atribuídas a cada uma das esferas celestes (616*e*-617*a*), e encontra-se detalhada no *Timeu*, em 67*e*-68*d*, com o espectro das doze cores fundamentais.

Não se esquecerá, por fim, que o *Epinomis* apresenta a correspondência exata das cinco figuras matemáticas, dos cinco corpos físicos e das cinco espécies de viventes, ou seja, de almas. Ao fogo, no topo da hierarquia dos elementos, estão vinculados o tetraedro e os astros; ao éter, em segundo lugar, o dodecaedro e os demônios do éter; ao ar, em posição mediana, o octaedro e os demônios do ar; à água, o icosaedro e os demônios da água; em quinto lugar, ao cubo, correspondem a terra e os seres humanos (981*b*- 985*c*).

IV – As cinco almas do *Timeu*

Se o dodecaedro é a medida inteligível do céu e dos seres vivos, ele comanda, por isso mesmo, o transcorrer do tempo e a periodicidade das almas. Embora a Alma do mundo tenha sido formada antes do Corpo, ela não existe fora do tempo e do movimento do céu. A gênese da Alma, do mundo e do tempo, essas três figuras do invisível, é somente uma única gênese que se deve à ação do demiurgo que se regula pelo Número. Trata-se de uma operação mimética que depende da ordem da inteligência, fora de toda necessidade material, a qual é assegurada pelos esquemas da *khora* e pelas combinações dos quatro elementos físicos. "O tempo (χρόνος) nasceu, portanto, com o céu, para que, engendrados juntos, juntos também sejam dissolvidos, caso a dissolução deva advir-lhes" (38*b*). E esse engendrar da duração, sob sua forma permanente e periódica, é a engendração da alma que, ao longo dos tempos, foi, é e será segundo o modelo do que é sempre.

Essa é a célebre fórmula do tempo compreendido como "uma espécie de imagem móvel da eternidade" (εἰκὼ κινητόν τινα αἰῶνος) (37*d*). Não há dúvida, como destacou Remi Brague, que esse termo de αἰών constitui um problema, na medida em que significa "idade", "vida de homem", "duração dos tempos", e não "eternidade". O *aion* designa a Alma do mundo que move o Céu compreendido como a imagem móvel do número *aiônios*, e secreta o tempo de maneira contínua, porque a Alma do mundo, da qual cada uma das almas é o reflexo, possui uma estrutura numérica determinada. Ela anima o universo e comanda o conjunto dos dias e das noites, dos meses e das estações, e mais geralmente os períodos cósmicos e as eras do mundo, repartidos, segundo *O Político*, entre o tempo de Cronos e o de Zeus. Ora, esse número do tempo parece ser o próprio número do dodecaedro. Se o quinto poliedro não intervém nas trocas físicas é porque ele não se refere a uma determinação espacial, mas a uma figura temporal. Todas as indicações de Platão sobre o dodecaedro, do *Fédon* ao *Fedro* e do *Timeu* às *Leis*, estabelecem, sem hesitação possível, que os períodos do tempo são divididos em doze partes. Quer se trate da bola colorida de doze pedaços de couro, das circunvoluções dos onze deuses no séquito de Zeus, em volta de Héstia, ou da divisão da cidade dos Magnetos em doze porções consagradas aos doze deuses, "em correspondência com os doze meses e com a revolução do universo" (*Leis*, VI, 771*b*), a divisão do tempo que comanda a partilha do espaço é regida pelo número do dodecaedro. Logo, pode-se afirmar que ele é a figuração mitológica do céu, da alma e do tempo: expressa simultaneamente a determinação racional do cosmos concebido segundo o modelo inteligível do próprio Vivente e a figuração mítica da alma que produz o tempo na medida de suas manifestações periódicas. O tempo invisível da alma nada é, portanto, senão a imitação do dodecaedro cuja figura simbólica é a *épura gráfica do vivente (diazographon)*.

Como o dodecaedro é engendrado não pelos triângulos elementares, mas por seus pentágonos, projetando, assim, através de seus doze lados, como uma lanterna mágica, a sombra do cinco no universo e nas almas, há de se convir que o engendramento da alma e do tempo tem alguma relação com o número cinco. Se a alma secreta o tempo psicológico como ela secreta o tempo cósmico e o tempo cívico, é porque ela reflete em sua composição as formas mais altas do ser, das quais se sabe, no *Sofista* e no *Filebo*, que elas são cinco. Esse acordo cósmico é manifestado pela criação das cinco espécies de alma do *Timeu*. Em um primeiro tempo, Timeu expõe a formação da Alma do mundo segundo a mistura que leva à dupla *tetraktys* e à sua harmonia cósmica; em seguida, ele evoca a distribuição de cada alma a um astro particular e a condição das almas unidas a um corpo. Em um segundo tempo, após uma longa análise da necessidade e das transformações dos corpos elementares, Timeu chega às partes específicas da alma humana (69c-72e). Ele distingue, em primeiro lugar, "o princípio imortal da alma" (ἀρχὴν ψυχῆς ἀθάνατον) (69c), que se encontra alojado na parte mais nobre e mais alta do corpo, a cabeça. Como a Alma do mundo, cujo modelo segue: ela é composta pelos círculos do Mesmo e do Outro, que são os princípios ontológicos do conhecimento. Abaixo dessa alma imortal está a alma mortal modelada pelos deuses subalternos: ela é separada da precedente pelo istmo do pescoço e tem lugar no tórax. Mas logo, como há em todas as coisas uma parte melhor e uma parte pior, os deuses operam na alma mortal um desdobramento que separa, de um lado e outro do diafragma, duas espécies de almas: a que participa da coragem e se rende às razões da alma imortal está alojada entre o diafragma e o pescoço, perto da cabeça, enquanto a que deseja o alimento e conhece somente as necessidades está entre o diafragma e o umbigo, perto de seu comedouro, o mais longe possível da parte da alma racional.

A classificação das almas se interrompe em 71a, quando Timeu descreve o funcionamento do fígado, do baço e dos intestinos, solicitado pela natureza da alma apetitiva. Ele passa depois em revista os diversos aparelhos do corpo humano e as doenças, tanto do corpo quanto da alma, antes de voltar, no fim do diálogo, em 91a-d, à última espécie de alma. Os deuses insuflaram com efeito na raça humana o desejo imperioso de se acasalar e introduziram, para permitir a união sexual, "um vivente provido de uma alma" (ζῷον ἔμψυχον) (91a), tanto no homem quanto na mulher. A substância que forma o sêmen é, portanto, dotada de uma "alma" (ἔμψυχος) que respira pelo pênis, procurando com concupiscência escorrer para fora, enquanto na mulher o útero se agita em seu desejo de engendrar. Chega-se a uma classificação de cinco formas de almas. No topo a Alma do mundo, que dá seu movimento periódico ao conjunto do universo; depois a alma imortal do pensamento, situada na cabeça; a alma mortal da coragem, situada abaixo do pescoço; a alma mortal do apetite, situada no ventre e, enfim, a alma mortal do desejo sexual, situada nas partes genitais. Como na composição dos quatro elementos do mundo, quando o fogo e a terra estão separados pela posição mediana do ar e da água, a composição dos quatro princípios da alma humana obedece a uma proporção contínua, de natureza harmônica, entre os extremos e os meios, tal como:

$$\frac{\text{alma racional}}{\text{alma corajosa}} = \frac{\text{alma corajosa}}{\text{alma nutritiva}} = \frac{\text{alma nutritiva}}{\text{alma reprodutora}}$$

As quatro espécies de almas humanas trocam suas determinações no interior de um corpo animado pela Alma cósmica, da qual tudo se origina, da mesma maneira que o dodecaedro permanece estrangeiro às combinações entre as quatro espécies de corpos no interior da esfera do Todo. A alma e o dodecaedro são, assim, o duplo e único rosto da duração das idades que anima a revolução do céu.

5
Nomos.
A cidade

O desvio do filósofo pelo *logos*, o *eidos* e o *cosmos* não tem significação a não ser que a viagem dialética o leve de volta para dentro da cidade, onde a lei é partilhada sob a égide de *Nêmesis*, a deusa de Hesíodo. Efetivamente, é realmente preciso, para que a existência humana tenha um sentido, que ela respeite a lei que governa os homens e os deuses entre o céu e a terra, e que ela encontre o vínculo que une todas as coisas em uma justa repartição. Se a cólera de Nêmesis nasce diante da violação da lei, compreende-se a aproximação que a língua grega instaura entre *nomos*, a "lei", *nêmesis*, a "partilha legal", e *Nêmesis*, a "deusa da partilha" que "se indigna", *nemesein*, ante aqueles que desafiam a lei.

Platão não ignora que Nêmesis, "mensageira da Justiça", *Dikes angelos*, tem o poder de punir nosso descomedimento com um castigo adequado (*Leis*, IV, 717d). A mesma passagem enuncia a sentença que justifica a pena imposta àqueles que zombam das ordens dos deuses. Segundo a tradição órfica, a divindade suprema que "tem nas mãos o começo, o meio e o fim de tudo o que existe" regula de maneira reta as revoluções do *cosmos*. Ela é seguida pela "justiça que vinga a lei divina castigando aqueles que dela se afastam" (716a). Esse texto é, sem dúvida, o primeiro texto filosófico a destacar a forma universal da justiça que governa o macrocosmo e o microcosmo. Resulta daí que o ultraje feito ao direito é um ultraje feito aos deuses, já que desfaz a ordem do universo. Ao *nomos* que enuncia a Partilha do todo, na terra e no céu, está associada Nêmesis, a Justiça, que se indigna com as exações dos homens e vinga os sofrimentos das vítimas. A ética e a política deverão, portanto, obedecer a essa exigência de justiça que, reinante na ordem inteligível, se aplica naturalmente ao mundo sensível e, no interior deste, à cidade como ao próprio homem. Ali onde Hesíodo evocava, no fim do mito das raças, as deusas da medida *Aidos* e *Nêmesis, Reverência* e *Respeito,* que abandonavam pelo Olimpo a terra entregue ao mal, Platão pedirá a Hermes que envie o casal *Aidos* e *Diké, Moderação* e *Justiça* (*Protágoras*, 322-d; *Leis*, XII, 943*e*), para relembrar aos mortais a norma do direito e constituir a "ordem das cidades", *poleon kosmoi*.

I – As quatro virtudes da alma

A pedra de toque da filosofia é a capacidade de reconhecer uma ordem *ética* na existência e indicar aos homens o que os torna dignos de ter *permanência, ethos*, na cidade. Contra o relativismo dos sofistas, apegados aos interesses e às convenções sociais, Platão procura fundar uma moral racional que, cuidando da *virtude* da alma, encontre a lei universal que governa todas as coisas. Tal concepção é fundamentalmente aristocrática tanto por razões históricas quanto filosóficas. O termo grego que o francês traduz pela palavra "virtude", ἀρετή, formada a partir do adjetivo ἀγαθός ("bom", "bem"), derivado do verbo ἄγαμαι ("admirar", "honrar"), exprime a *excelência* de um ser. É essa excelência que faz dele o melhor de todos, ἄριστος, na ótica tradicional da civilização grega. Relembremos o conselho dado por Hipóloco ao filho na *Ilíada* (VI, 208): αἰὲν ἀριστεύειν καὶ ὑπείροχον ἔμμεναι ἄλλων, "ser em toda a parte o melhor e superar todos os outros".

A ἀρετή platônica desdobra-se em quatro virtudes distintas que tornam problemática a unidade de uma virtude comum a todos. Distinguir várias virtudes, irredutíveis umas às outras, é distinguir vários tipos de homens, até mesmo várias classes, e logo hierarquizá-los. A multiplicidade pode ser interpretada como um princípio de ordem aristocrático a partir do momento em que é utilizada para determinar uma escala de valores. Convém, então, perguntar-se o que justifica filosoficamente em Platão a escolha dessa multiplicidade de *aretai*, e o que o impele a unificá-las em um sistema psicológico, ético e político que se encontra paradoxalmente submetido a um princípio único. Por conseguinte, o autor de *A República* falará indiferentemente de "monarquia", para qualificar o governo submetido à unidade, e de "aristocracia", para designar o melhor de todos os governos.

É no livro IV de *A República* que Sócrates, descrevendo a cidade perfeitamente boa, sublinha que esta deve ser "sábia", σοφή, "corajosa", ἀνδρεία, "temperante", σώφρων, e "justa", δικαία. Reconhecem-se quatro das cinco virtudes do *Protágoras*: o "saber", σοφία, a "coragem", ἀνδρεία, a "temperança", σωφροσύνη, a "justiça", δικαιοσύνη, e a "piedade", ὁσιότης. Um pouco antes, em 330*b*, a mesma classificação nomeava a "ciência", ἐπιστήμη, em lugar do "saber", σοφία. Com o auxílio de um método residual que conclui, após a descoberta das virtudes consideradas, que a noção restante é aquela que se procurava, Sócrates estabelece que as virtudes são exatamente quatro. A última virtude, a justiça, será, portanto, aquela que procurávamos desde o início e que estava debaixo dos nossos olhos enquanto falávamos da sabedoria, da coragem e da temperança. Nós a procurávamos ao longe, quando já a tínhamos "à mão" ou "à frente de nossos pés" (432*d*).

A sabedoria da cidade modelo, assimilada à "ciência", como no *Protágoras*, não se refere a uma atividade social particular, mas a uma atividade geral que delibera sobre a totalidade da cidade. Ela se acha presente naqueles que detêm sua guarda na mais alta classe da cidade, a dos "guardiões perfeitos", cujo número é menor que o dos outros cidadãos. Haverá menos magistrados que ferreiros, porque poucos homens são susceptíveis de aceder ao conhecimento da cidade inteira – em outros termos, de atingir o conhecimento do *universal*, sendo a *episteme* distinta das práticas particulares. A coragem, por seu lado, refere-se aos cidadãos que combatem para defender sua cidade, ou seja, o corpo dos guardiões das leis do qual saíram os magistrados. Com efeito, a coragem é uma virtude de conservação do que a lei criou pela educação, resistindo ao temor, ao prazer ou ao pesar. Apenas os homens que pegaram "a melhor tintura das leis" e que, à imagem de um tecido preparado para receber uma cor, ostentam sua tinta indelével, podem manter uma opinião justa sobre o que é preciso temer ou não. Tal virtude, reforçada pela educação do corpo e da alma, é, portanto, também uma virtude "política" pela mesma razão que a precedente.

Quanto à temperança, possui um estatuto original em relação às duas primeiras virtudes. Ali onde a sabedoria e a coragem manifestavam uma unidade essencial que se concretizava na classe única dos magistrados e na classe única dos guardiões, a temperança aparece como uma espécie de "acordo" (ξυμφωνία) e de "harmonia" (ἁρμονία 430e) entre os prazeres e as paixões que os homens procuram. Os termos de ξυμφωνία e de ἁρμονία implicam uma hierarquia de sons na música grega, segundo uma escala matemática com base na consonância inicial da oitava seguida pela dupla oitava; a harmonia distribui os modos diferentes conforme a ordem dos intervalos e a altura dos sons. Sócrates dá, assim, uma determinação cósmica a essa virtude qualificando a *sophrosyne* de [κόσμος] ou de "ordenação". Presente em cada um dos três níveis da cidade, dos produtores aos magistrados, a temperança funda, como um baixo gerador do acorde perfeito, a unidade dos cidadãos, seja qual for sua classe: baixa, alta ou média. Sócrates volta à harmonia musical dos três sons que produzem o acorde perfeito: "A temperança é esse concerto, *homonia*, esse acorde natural, *kata phusin xymphônian*, da parte inferior e da parte superior para decidir qual das duas deve comandar no Estado e no indivíduo" (432*a-b*).

Se a ἀρετή tem um sentido, é o de revelar ao homem que ele faz parte de um mundo único cuja ordem repercute pelas áreas ética e política. Logo que a justiça intervém, em quarta, para unificar o acorde perfeito das três virtudes da alma salvaguardando sua especificidade, ou seja, sua hierarquia, obtém-se um sistema de virtudes ao qual Santo Ambrósio dará o nome canônico: as *virtudes cardeais*. Sócrates o repetirá duas vezes: a justiça é somente, para cada uma das virtudes consideradas, a possessão de seu bem próprio e o cumprimento de sua única tarefa. Encontra-se uma classificação análoga das virtudes quadripartidas em *As Leis* (I, 631*c-d*), sob a forma dos quatro bens divinos: sabedoria, temperança, justiça e coragem, duplamente orientados para um quinto termo que toma o nome de "inteligência", νοῦς, na alma, e de "lei", νόμος, na cidade. Ali onde *A República* apresenta quatro virtudes hierarquizadas e unificadas pela justiça que intervém em quarta, *As Leis* distinguem quatro bens que têm o mesmo nome e adquirem sentido somente em relação à inteligência ou à lei que intervém desta vez em quinta.

II – As três funções da alma

A justiça é, doravante, aparente: ela não é uma quarta virtude associada a uma quarta função da alma e a uma quarta classe da cidade. Ela é tão somente a hierarquia natural das funções da alma e das funções da cidade. Reconhece-se nela um princípio de identidade regendo as três virtudes – cada uma é o que é preenchendo sua própria função – e um princípio de hierarquia: cada virtude é engendrada pela justiça e ordenada às duas outras. O paralelo da cidade e do indivíduo apóia-se em um postulado ético: os costumes de uma cidade vêm dos costumes dos cidadãos, isto equivale a dizer que, para constituir a cidade justa, não se deve mudar a cidade, mas os cidadãos, sendo a educação o único meio de reforma moral e política. É a ética que comanda e domina o político, tal como mostra o mito de Er que encerra *A República*: a alma escolhe no centro do mundo o destino que lhe permitirá renascer entre os outros homens.

Sócrates abandona, então, a tripartição das virtudes – sabedoria, coragem e temperança – para abordar por outro viés a questão da justiça. Passando da análise ética à análise psicológica, ele vai inicialmente definir duas partes na alma, cuja dualidade de tensão é constante, desta vez valendo-se de uma análise da razão e do desejo. A melhor parte da alma deve dominar a segunda, a fim de que o senhor não seja escravo de seu escravo, seja qual for a classe da cidade. Em toda alma, uma luta constante se estabelece entre o desejo, que procura exercer seu apetite imediato, e a razão, que tenta adiar sua realização. Tanto no homem quanto na cidade, é justo submeter a parte inferior da alma à parte superior, ou seja, pôr as paixões sob a égide da razão, assegurando o acordo do melhor e do pior.

Três funções manifestam as três atividades essenciais da alma: pela primeira, ela aprende; pela segunda, ela se encoleriza; pela terceira, ela procura os prazeres. Ou seja, a razão, o ardor do sentimento e o desejo. Para descobrir se essas três atividades são distintas ou se reduzem a uma única, a da alma inteira, Platão usa um princípio lógico, e não mais psicológico. Trata-se do princípio de contradição que se encontra assim enunciado pela primeira vez, antes da *Metafísica* de Aristóteles, no contexto psicológico de uma alma dividida contra si mesma: "Manifestamente a mesma coisa se recusará a exercer ou a sofrer ações contrárias simultaneamente, ao menos sob a mesma relação e em razão da mesma coisa" (436*b*).

Se efeitos contrários no homem e na cidade forem descobertos, será preciso supor causas contrárias dependendo de princípios múltiplos. Platão interpreta sob uma forma puramente causal o princípio de contradição: não "as mesmas causas produzem sempre os mesmos efeitos", mas, de maneira complementar, "a efeitos diferentes, causas diferentes", pois um princípio único não poderia engendrar efeitos distintos. Mesmo o pião, que se poderia crer ao mesmo tempo em repouso e em movimento, está na realidade em repouso com relação à *imobilidade* de um eixo do qual ele não se afasta idealmente, e em movimento com relação à sua circunferência que *se move* circularmente. Paralelamente, se, no mesmo homem, um princípio deseja alguma coisa, por exemplo, beber, e, porém, o homem se retém e não bebe, é porque outro princípio freia esse desejo de beber. Uma parte da alma deseja beber e a outra o proíbe: não pode ser a mesma. Reconhece-se na primeira a "função desejante", ἐπιθυμητικόν, e na segunda a razão, λογιστικὸν, que se revelam tão opostas que a razão não deseja nada, mas raciocina ali onde o desejo, que deseja tudo, desarrazoa: ele é naturalmente ἀλόγιστόν, "privado de razão".

Ora, como mostra o caso de Leôncio se encolerizando contra si mesmo para melhor se submeter a seu desejo, a "cólera", θυμός, como sentimento de revolta, é diferente da razão e do desejo. Um homem levado por suas paixões, a despeito da razão, vai se encolerizar contra si mesmo ou, antes, contra essa parte de si mesmo que, rebelde a todo conselho, leva a melhor. Por conseguinte, a cólera não é má conselheira, como quer o adágio: a revolta do coração é a aliada natural da inteligência, e é a indignação moral que mostra o caminho do direito. A cólera é bem τρίτον, "terceira" (441*a*), como θυμοειδες esse ardor do sentimento, que é a mediação entre a parte superior da alma, que vê todas as coisas à luz da Ideia, e sua parte inferior, que vive na cegueira.

Reencontra-se sob forma lógica a tripartição da alma do *Fedro* com o cocheiro que conduz o carro, o cavalo branco adestrado e o cavalo negro indisciplinado da parelha alada. A alma justa é aquela que escuta a voz do cocheiro e que põe o bom cavalo a seu serviço.

Portanto, se a cidade repousa sobre três atividades distintas, justamente hierarquizadas para o bem de todos: governar, proteger as leis, produzir bens, a alma se apoia em três princípios que preenchem três funções diferentes: pensar, comover-se, desejar. A razão, *to logistikon*, comanda o conjunto da alma, graças à sabedoria; o ardor do coração, *to thumoeidés*, vem apoiá-la; o desejo, enfim, *to epithumêtikon*, que detém o maior lugar na alma, submete-se à ordem hierárquica da *psukhé*, que não é outra senão a justiça. A conclusão decorre naturalmente: a justiça ética, compreendida como a ordem interior das ações do homem ali onde a política considera somente as ações exteriores, "harmoniza as três partes de sua alma absolutamente como os três termos da escala musical, o mais elevado, o mais baixo, o médio e todos os tons intermediários que possam existir" (443*d-e*). É evidente que a nota mais grave, a que engendra o acorde perfeito, é a do λογιστικὸν que, no octacordo grego, era representada pela *hípate*, a corda mais alta.

Quer se considerem, no plano ético, as virtudes da alma, a sabedoria, a coragem e a temperança, ou no plano psicológico, as faculdades da alma, a razão, o ardor e o desejo, a justiça consiste sempre em estabelecer uma hierarquia das partes consideradas, dominadoras ou subordinadas, ali onde a injustiça equivale a perturbar essa ordem a tal ponto que comandar e ser comandado invertem sua relação natural.

III – O mito hesiódico das raças

Convém justificar a divisão da cidade em três classes no plano político. Sócrates já recorreu a "uma bela mentira" (*A República*, III, 413c), a dos homens nascidos da Terra, retomando o mito hesiódico das raças. Mas reduz a quatro as cinco raças do poeta (a raça de ouro, a raça de prata, a raça dos heróis, a raça de bronze e a raça de ferro), depois, as raças metálicas a três, voltando ao mito arcaico das três idades. Sócrates evoca, com efeito, a história de Cadmos que, indo em busca de sua irmã Europa, raptada por Zeus, matou na Beócia um dragão que guardava uma fonte no lugar onde o oráculo de Delfos lhe predissera que ele fundaria uma cidade. Ele semeou a metade dos dentes do monstro para fazer brotar da terra uma seara de homens armados que lutaram até a morte. Cinco deles sobreviveram, os *Spartoi* ou "semeados", que ajudaram Cadmos a construir a cidade de Tebas. Esse mito ctoniano de fundação de uma cidade, vinculado à engendração de cinco heróis nascidos da terra cujo eco se encontra no *Fédon* (95*a-b*), anuncia as modificações da narrativa platônica que, inspirando-se no mito, prepara a gênese das formas de governo e das almas correspondentes.

Platão modifica a narrativa de Hesíodo em dois pontos essenciais. Por um lado, eliminando a raça dos heróis, que Sócrates reconhecia como um dos cinco seres de que falam todos os mitos: os deuses, os demônios, os heróis, os mortos do Hades e os homens (III, 392*a*), Platão reduz as raças humanas à sua natureza metálica. Por outro, ele mistura o bronze e o ferro para forjar uma terceira raça dupla, como a quinta raça de Hesíodo, dividida entre a justiça, *diké*, e a desmedida, *hubris*. Esses dois metais misturados conduzem às análises psicológicas do livro IX que estabelecem a dualidade da alma desejante, dividida entre os desejos necessários e os desejos supérfluos (558*d*-559*c*). Essa parte inferior da alma, análoga à classe dos produtores, possui tantas formas diferentes que Sócrates não consegue lhe dar um nome único. A mistura de bronze e ferro evocará, portanto, simbolicamente a natureza indefinida do desejo que depende da desmedida do *apeiron*.

Uma divisão estrutural intervém inicialmente em Platão, segundo o esquema ternário da alma, para engendrar as cinco formas de cidade e as cinco formas de alma correspondentes. As cinco idades de Hesíodo levavam a distinguir três tipos de funções religiosas, as da soberania do rei, da atividade do guerreiro e da fecundidade do agricultor, subindo da gênese à estrutura; as três almas de Platão nos levam a cinco tipos de homens, descendo, desta vez, da estrutura à gênese. O jogo triádico das analogias é mais rico em Platão que em Hesíodo, pois às três funções da alma – a razão, o ardor e o desejo – se relacionam com três partes do corpo: a cabeça, o coração e o ventre; as três virtudes, com a sabedoria, a coragem e a temperança; as três classes de cidadãos, com os magistrados, os guardiães das leis e os produtores; assim como os três símbolos metálicos, com o ouro, a prata e o ferro bronze.

Platão transforma essa distribuição triádica da alma em um ciclo pentádico da cidade, passando do ponto de vista da estrutura ontológica da alma à gênese natural dos regimes políticos e dos homens que lhes são aparentados. O livro VIII de *A República* expõe, assim, a primeira concepção cíclica da história conduzida unicamente pelas forças humanas, ali onde *Os Trabalhos e os Dias* ofereciam o quadro cíclico das idades em que os homens são os joguetes dos deuses. Quer a humanidade esteja, quer não, sob a guarda da divindade, ela deve ir até o fim do ciclo completo das idades que se confundem, como em *O Político*, com os ciclos do *cosmos*.

Hesíodo lega a Platão a ideia de uma engendração de cinco idades que acaba em uma idade de esterilidade em que toda nova engendração se torna impossível. O livro VIII de *A República* estabelece, por sua vez, que o desequilíbrio das funções da alma e das funções da cidade, em que consiste a injustiça, acarreta fatalmente o ciclo dos cinco regimes políticos e dos cinco tipos humanos por meio de sua gênese mútua até o seu termo: o mundo do *apeiron*, marcado pela esterilidade absoluta da tirania. Platão modifica a classificação triádica tradicional das formas de governo, presente em Heródoto (*Histórias*, III, 82), apresentando uma organização diacrônica de cinco regimes políticos. Ele faz intervir, em *A República* e depois em *O Político*, três elementos originais que são integrados em uma classificação em cinco períodos: 1/ o princípio de uma concepção ternária da alma e da cidade que exprime a forma estável da justiça humana; 2/ a hipótese de um ciclo das almas e dos regimes que se engendram mutuamente à imagem da engendração dos corpos; 3/ a intuição da decadência inevitável das cidades e das almas de acordo com uma vida declinante cujo fim é a morte. O princípio entrópico dos ciclos da história dos homens reproduz o dos ciclos das revoluções do universo.

Se há uma doença da cidade como há uma doença do cidadão, ou seja, de sua alma, ou, melhor ainda, de seus *costumes, ethôn*, é preciso, para tratá-la, considerar o laço vital de sua origem comum. Sócrates já enunciara uma primeira vez seu teorema cívico inicial no fim do livro IV: "Há cinco formas de constituição política e cinco formas de alma", *pente men politeiôn, pente dé psuchês* (445d). Depois de abordar as três ondas que fatigam o nadador em alto-mar, a questão da legislação sobre as mulheres, a da comunidade das mulheres, das crianças e dos bens, e, enfim, a do poder dos filósofos (457b-473c), Sócrates volta à classificação das formas de governo no livro VIII. E o fio de sua pesquisa leva-o a evocar novamente a mesma classificação: "se há cinco formas de constituição (τὰ τῶν πόλεων πέντε), deve haver também nos particulares cinco formas de alma (τῶν ἰδιωτῶν τῆς ψυχῆς πέντε)" (544e).

À monarquia corresponde o homem monárquico, perfeitamente bom e justo; à timocracia corresponde o homem timocrático, sempre em busca de honrarias; à oligarquia corresponde o homem oligárquico, ávido de novas riquezas; à democracia corresponde o homem democrático, submisso a todos os seus desejos; à tirania, enfim, corresponde o homem tirânico cuja violência suscita o parricídio, o incesto e a violação da lei. O poema de Hesíodo professava o esgotamento do ciclo das eras pelo advento de homens de ferro que não têm posteridade nem destino póstumo. De maneira análoga em Platão, o fim do ciclo das constituições é marcado pelo aparecimento da tirania, em que a desmedida substitui a lei. Este último estágio encontra-se destinado à esterilidade e à morte, pois o tirano platônico se volta contra os próprios pais e violenta pai e mãe. Já não lhe basta realizar o incesto em sonho ou o parricídio; da violência imposta ao pai e à mãe, ele passará à violência imposta à pátria ou à "mátria", como dizem os cretenses.

IV – As cinco formas de alma

O paralelo entre os dois mitos não para por aí. O poeta mencionava cinco categorias de poderes: os demônios superiores (raça de ouro); os demônios inferiores (raça de prata); os habitantes do Hades (raça de bronze); os heróis sem promoção póstuma; por fim, os homens do passado (raça de ferro). Comparemos a série platônica dos seres míticos com a série hesiódica dos seres do além: demônios superiores, demônios inferiores, habitantes do Hades, heróis e homens do passado para o poeta; deuses, demônios, habitantes do Hades, heróis e homens do passado para o filósofo. As duas classificações não coincidem porque Hesíodo, mantendo os deuses olímpicos afastados dos ciclos humanos, desdobra a categoria dos demônios para conservar o paralelismo com as cinco raças. Em Platão, a intervenção dos deuses e a unificação das duas classes de demônios permitem mencionar todos os seres divinos e colocá-los em paralelo, não com as raças metálicas, reduzidas a três, mas com as cinco formas de regimes políticos e os cinco temperamentos humanos. Em ambos os casos há a presença de um ciclo de cinco eras, composto por dois pares e por uma última era alheia às precedentes, era de ferro ou tirania, igualmente estéreis, visto que elas esgotam o devir dos seres.

Em *O Político,* encontram-se dois novos ecos do mito hesiódico. O Estrangeiro de Eleia não distingue mais as constituições das cidades com base em sua gênese, como

Sócrates, mas segundo uma série de critérios racionais: número de cidadãos, riqueza ou pobreza, coerção ou liberdade, leis escritas ou ausência de leis. Platão apóia-se na ordem triádica habitual: monarquia, governo de poucos, governo de muitos. Entretanto, no momento de desdobrar essa classificação em regimes constitucionais e regimes inconstitucionais, ele mantém cinco constituições, e não seis. A monarquia oferece, com efeito, duas espécies, a tirania e a realeza; o governo de poucos, duas espécies igualmente, a aristocracia e a oligarquia. Somente a democracia conserva o mesmo nome, embora apresente duas formas distintas, sob o domínio da lei ou não. Assim, o Estrangeiro conclui sua análise nestes termos: "Todas as constituições que se distinguem atualmente não contam mais de cinco nomes (*pente monon*)" (301*b*).

Ora, Platão não teria tido mais dificuldade que Aristóteles ou Políbio para dar um segundo nome – *politeia* ou *oclocracia* – à segunda forma de democracia; ele escolhe deliberadamente o número cinco para classificar as constituições. Constata-se, então, que, em *O Político* como em *A República*, segundo um princípio de dicotomia lógica ou segundo um princípio de engendração mítica, as classificações reproduzem invariavelmente uma série de cinco nomes, embora as formas políticas consideradas não coincidam. Quando Platão estuda os ciclos da alma, da cidade e do mundo, passa de uma classificação tetrádica (quatro virtudes) a uma classificação pentádica (cinco temperamentos humanos e cinco regimes políticos). A cada vez, um conjunto de elementos definindo uma totalidade – três funções da alma e da cidade, ou quatro formas de governo e quatro tipos de homens – é unificado por um termo que permanece *imanente* ao conjunto (a justiça em relação às três virtudes), ou *transcendente* (a monarquia em relação aos quatro regimes defeituosos).

A classificação tetrádica intervém cada vez que se trata de determinar a *essência* de uma coisa em sua configuração estática; a classificação pentádica aparece cada vez que a análise manifesta o devir da essência, ou seja, sua *existência* no tempo. Não é, portanto, um acaso se a genealogia dos regimes políticos e a engendração dos temperamentos humanos são comandadas pelo "número perfeito", ἀριθμὸς τέλειος, sem dúvida o número "cinco", que era chamado, na tradição pitagórica, "número nupcial", πέντε γάμος (*A República,* VIII, 546*b*-547*b*; Mattéi, 1996, cap.3). Esse número está ligado à existência no tempo e à periodicidade da alma nos seus processos de engendração e de reencarnação. Sem insistir sobre sua dimensão simbólica, nota-se que Platão atribui sistematicamente o número cinco tanto à periodicidade da alma como à da cidade. Proclo poderá assim escrever, em seu *Comentário sobre o Timeu* (III, 232): "É com razão que, após quatro vezes a oitava, a alma contém também por si mesma o acorde de quinta".

Encontram-se múltiplos exemplos desse acorde musical nos diálogos. O texto mais notável é a narrativa das marionetes em *As Leis* (I, 644*d*-645*b*). O homem é somente um joguete nas mãos do deus, sem que se saiba se a brincadeira das marionetes constitui um divertimento ou uma ocupação séria da divindade. A alma humana está assim submetida a dois pares de sentimentos e de opiniões: os conselheiros contrários, que são o prazer e o pesar, em relação à vida presente, e as opiniões referentes ao futuro, o temor de um pesar aguardado, e a confiança em um prazer esperado. A essas quatro disposições da alma junta-se o "julgamento" (λογισμός) sobre o melhor ou o pior que toma o nome de "lei", *nomos*, na cidade. Os quatro fios de ferro, rígidos e naturalmente amalgamados, resistem à quinta tração do "fio de ouro sagrado" que ostenta o duplo nome de "razão" na alma e de "lei comum" na cidade. A única tração à qual o homem deve obedecer em todas as circunstâncias é a da razão e de sua projeção na cidade que a erige em lei. É graças a esta última, segundo uma breve alusão ao mito hesiódico, que a "raça de ouro" vencerá as outras raças.

Essa classificação das trações da alma encontra-se reforçada, no mesmo livro, pela hierarquia dos bens humanos e divinos, que são cinco. Os bens menores são inicialmente quatro – a saúde, a beleza, o vigor e a riqueza –, à imagem dos bens divinos: o "pensamento", *phronêsis*, a "disposição temperante da alma", *sophron psuchés hexis*, a "justiça", *dikaiosynê*, e a "coragem", *andreia* (I, 631c-d). Mas esses bens humanos só têm sentido se forem orientados para os bens divinos superiores, os bens divinos, por sua vez, orientando-se para a "inteligência soberana", que transcende a todos.

O ateniense retomará essa classificação no livro XII, falando, desta vez, da "virtude", o conjunto das quatro virtudes cardeais que devem se orientar unicamente em direção à inteligência (963*a*).

Encontra-se uma classificação similar em *As Leis* que mostra que as propriedades da alma são ainda cinco: a "opinião", *doxa*, o "cuidado", *êpimeleia*, a "inteligência", *noûs*, a "arte", *techné*, e a "lei", *nomos* (X, 892*b*). Quanto ao *Fédon*, ele confirma a hipótese da distribuição quinária das almas. Depois de ter corrido o belo risco de sua imortalidade, Sócrates concede à alma cinco virtudes, que qualifica de "adornos cósmicos", *cosmésas* (114*e*): a "temperança" (σωφροσύνη), a "justiça" (δικαιοσύνη), a "coragem" (ἀνδρεία), a "liberdade" (ἐλευθερία) e a "verdade" (ἀλήθεια). Elas coincidem somente com três das quatro virtudes cardeais de *A República*, mas correspondem em número às cinco virtudes do *Protágoras*. Como o mesmo diálogo propõe outra lista de virtudes, sempre em número de cinco – "ciência", "justiça", "coragem", "sabedoria" e "santidade" (330*b*) –, a sabedoria substituindo a ciência em uma classificação análoga, pode-se pensar que Platão procura manter o número cinco, citado por duas vezes em dois contextos diferentes (πέντε: p349*b* 2; 359*a* 5), para associá-lo às faculdades próprias da alma.

6

Muthos.
A lição do mito

Charles Mugler reconhecia nos triângulos atômicos que compõem os quatro estados da matéria do *Timeu* "o invariante das transformações físicas" (1960, p.21). É possível isolar o *invariante das operações míticas,* que não deixa de ter relação com essas transformações físicas e as operações racionais que constituem a trama do *cosmos*. Basta considerar a classificação dos fatores do conhecimento para se convencer de que seu número não é resultado do acaso. A digressão filosófica da *Sétima carta* define, com efeito, as cinco etapas que o *ciclo* do conhecimento percorre para constituir a determinação da essência de todas as coisas.

Seja, portanto, o *círculo* (κύκλος). Primeiro momento, o *nome* (ὄνομα): o círculo é "aquilo de que se fala e que tem por nome a própria palavra que pronunciamos presentemente". Segundo momento, a *definição* (λόγος): o círculo é "aquilo que, das extremidades em direção ao meio, está em todos os pontos a uma distância igual". Terceiro momento, a *figura desenhada* (ζωγραφουμενόν): o círculo é "a figura que se desenha e que se apaga, o que se torneia no torno e que se destrói". Quarto momento, o *conhecimento* (ἐπιστήμη): a intelecção e a "opinião verdadeira" do círculo formam "um único fator" que não reside nos sons que se emitem [primeiro e segundo momentos], nem nas figuras materiais [terceiro momento], "e sim nas almas" [quarto momento]. O quinto momento na ordem da pesquisa, mas o primeiro na ordem do ser, é o do "círculo em si" (αὐτὸς ὁ κύκλος), do qual o momento precedente é o que mais se aproxima, enquanto os três primeiros dele se afastam mais. Esses quatro momentos preparam "o conhecimento do quinto" (τέλεως ἐπιστήμης τοῦ πέμπτου, 342*e*).

Nota-se que essa exposição do ciclo dos cinco fatores do conhecimento, explicitamente qualificada de "mito" (344*d*), a qual nos conduz ao âmago de toda realidade, quer se trate das Ideias, das figuras matemáticas, dos seres vivos e das almas, menciona o número cinco por cinco vezes (342*a* 8, 342*d* 2, 342*e* 2, 343*a* 7, 343*d* 3). Esse número mítico volta como a cifra do circuito do ser e a da marcha da alma que imita o número do Todo. Para Platão, *a alma é a quintessência do mundo* e o processo legítimo do conhecimento em sua totalidade.

I – O mito platônico

Se "o começo é, em todas as coisas, o que há de maior" (*A República*, II, 377*a*), a função do *mito* consiste em romper esse *mutismo* inicial e transmitir aos homens a palavra dos deuses para evocar a figura do mundo. Entretanto, Platão zomba muitas vezes desses contos da carochinha, e é significativo que seu primeiro mito, o de Prometeu, seja posto na boca de um sofista (*Protágoras*, 320*c*-322*d*). O que pode ter em comum a demonstração do filósofo, controlada por aqueles aos quais ele se dirige, com a exposição solitária do mitólogo, inverificável no melhor dos casos, imoral nos outros casos, visto que a narração mítica se submete aos prestígios da ilusão?

Resta que esse mesmo Platão compõe, por sua vez, belas mentiras, da alegoria da caverna à lenda da Atlântida, evoca as tradições religiosas relatando as palavras dos antigos, confia a uma sacerdotisa pitagórica a incumbência de contar o nascimento de Eros e invoca as Musas para colocar o enigma do número nupcial. Põe em cena os juízes supremos, Minos, Éaco e Radamante, que desnudam a alma dos mortos, ou as Moiras, que fiam seu futuro destino, depois esboça o cortejo dos deuses olímpicos que percorre o teatro do céu. Enfim, consagra um diálogo inteiro, o *Timeu*, a um "mito verossímil", que é o primeiro sistema cosmológico da ciência. É o *logos* ou o *muthos* que funda a legitimidade do discurso do filósofo quando ele procura opô-lo ao do poeta, do mitólogo ou do sofista?

Tensionada entre o mito e a razão, a argumentação e a narrativa, a filosofia platônica nasce como uma *mito-logia*. A narrativa fabulosa define um espaço autônomo e todos os traços deste se opõem aos da pesquisa dialética. A *forma lógica* do mito é o monólogo, e não o diálogo; seu *procedimento retórico* deve-se à narração, e não à argumentação; sua *mediação simbólica* é a imagem, e não o conceito; sua *finalidade epistemológica* repousa sobre a verdade, e não sobre a verificação; enfim, sua *referência ontológica* é a totalidade do mundo, e não a realidade singular da coisa. O mito assume a respeito da vida cotidiana uma distância manifestada pelo afastamento da narrativa e pelo alheamento do narrador. É notável que os mitos sejam todos confiados a uma voz estrangeira: o Estrangeiro de Eleia, o Estrangeiro de Atenas, a Estrangeira de Mantineia, Timeu de Locros, Protágoras de Abdera, o sacerdote egípcio de Saís, e mesmo Sócrates, cuja atopia faz pensar em "um estrangeiro que é guiado" em sua própria cidade (*Fedro*, 230c). O mito platônico é, assim, a narrativa encadeada de um conjunto de episódios dramáticos, pela voz de um narrador estrangeiro com a intenção de tornar manifesto, por meio de uma figura específica, o conjunto dos seres relacionados ao invisível.

Se a reflexão especulativa do *logos* aumenta a profundidade do conceito no diálogo interior da alma, a forma especular do *muthos* reflete uma realidade inacessível: o teatro inteiro do mundo, na articulação do visível com o invisível. O mito faz parte, por aí, da estrutura mimética que caracteriza a teoria platônica do conhecimento e apresenta um jogo de espelhos que reflete de maneira inextricável a *fala* e a *escrita*, o *olhar* e a *escuta*. Manifestando, inicialmente, o primado de uma fala vinculada à tradição oral da Grécia, a narrativa mítica inscreve-se anteriormente na escrita de Platão, que deixa ouvir a voz de Sócrates, de Timeu ou de Diotima, e, posteriormente, no teatro do mundo, onde se vê a totalidade do *cosmos*. Por causa de sua natureza icônica, ela escapa à segunda forma da *mimesis*, a arte fantástica dos ídolos que Platão questiona desde *A República* até o *Sofista*.

Não há modelo geométrico da ética nos diálogos, mas uma topografia da Ideia que leva a topologia da alma a se modelar de acordo com ela para dar um sentido à sua procura do Bem. A narrativa mítica diz ao homem o que ele é: uma alma, cujo destino é vir ao mundo para encontrar aí seu justo lugar. Ela se apresenta, então, como uma narrativa cujas articulações temporais imitam as estruturas inteligíveis das realidades supremas e que reúne os fragmentos esparsos de velhas tradições para evocar a partição do *invisível* e do *visível*. Esta se encontra nos pares de opostos que estruturam o conjunto do campo simbólico: Terra-Céu, Terra-Olimpo, Terra-Hades, Terra-Mundo, mortais-deuses etc. Por conseguinte, o *chôrismos* do "visível" e do "autêntico invisível no Hades" (*Fédon*, 80d) é o modelo do método de divisão que Platão usa constantemente nos diálogos. Essa partição é hierarquizada a partir do termo mais alto, o invisível, que comanda secretamente o termo inferior, o visível, como a alma comanda o corpo. A teoria das Ideias, cuja natureza mítica é exposta da mesma forma que a teoria da reminiscência, pode ser assim considerada como a mutação no plano racional do quiasma do visível e do invisível revelado pelo mito.

Este último se apresenta, então, segundo um esquema genealógico que expõe o modelo de parentesco ligando os homens aos deuses. Logo, as narrativas platônicas fazem vir ao mundo a filiação dos seres, a periodicidade das engendrações e seu retorno cíclico à imagem do movimento do *cosmos*, colocando em cena não conceitos, mas seres singulares (Zeus, Apolo, Atlas, Eros, Héstia), ou seja, *formas de almas* simbolizadas por uma figura mítica original. Habitando o lugar invisível, essas almas se manifestam como princípios de movimento, de vida e de conhecimento em cada um dos estágios de sua existência: o Céu, a Terra e o Inferno. A despeito da hierarquia desses três planos de realidade e dos cinco seres que os habitam (os deuses, os demônios, os heróis, as almas do Hades e os homens do passado), a unidade da alma não é por isso afetada, visto que, segundo o *Mênon*, "a natureza inteira é de uma mesma família" (81d).

As partições de Platão fazem, então, aparecer o retorno periódico do número cinco no conjunto dos mitos e, além disso, nas divisões lógicas, como se o mundo e a alma que dele procede obedecessem ao influxo de um número que se pode qualificar de *operador cósmico*. Ele evoca o destino natural de uma alma que, no seu caminho para a verdade, tece a trama do invisível sobre a urdidura do tempo e efetua naturalmente essa estranha "vinda ao ser" (γένεσις εἰς οὐσίαν) de que fala o *Filebo* (26d).

II – A partilha do mundo

Sócrates ensina a Cálicles que "o céu e a terra, os deuses e os homens" estão ligados por uma comunidade feita "de amizade e bom entendimento, de sabedoria e espírito de justiça", o que vale ao universo o nome de *cosmos* ou de "ordem do mundo" (*Górgias*, 507e-508a). Essas quatro instâncias da Justiça, dispostas em torno de um centro que realiza assim a "igualdade geométrica", encontram-se nos três mitos escatológicos de Platão. A *nekya* do *Górgias* faz uma primeira alusão à partilha do mundo em cinco partes entre os irmãos oriundos de Cronos – Posêidon, Hades e Zeus –, depois relembra que este último decidiu fazer julgar as almas mortas por juízes que estariam igualmente mortos. Pediu a seus três filhos, Minos, Éaco e Radamante que pronunciassem as sentenças no centro de uma "pradaria" (λειμών) que evoca o prado Asfódelo da *Odisseia*. Ela está situada em uma "encruzilhada" de onde partem as estradas que levam uma às ilhas dos Bem-Aventurados, e a outra, ao Tártaro. A essas estradas verticais, reunindo o Céu e a Terra, acrescentam-se duas estradas horizontais pelas quais os mortos da Ásia são julgados por Radamante, e os da Europa por Éaco; Minos decide em última instância o justo destino a conceder aos defuntos. A topografia da Justiça desenha, assim, a partir da pradaria central, uma figura em cruz na qual o eixo das *destinações* (ilhas dos Bem-Aventurados-Tártaro) corta o eixo das *origens* (Ásia-Europa), enquanto, paralelamente, o alto (o Paraíso) prevalece sobre o baixo (os Infernos) e a direita (a Ásia) sobre a esquerda (a Europa).

Essas dimensões cardeais, ordenadas a partir do lugar do julgamento das almas, voltam no mundo ctoniano do *Fédon*. Sócrates expõe a analogia das duas terras, a terra inferior, onde vivem os homens, e, no alto, a terra verdadeira em forma de dodecaedro, depois descreve o sistema hidrográfico subterrâneo a partir dos quatro rios que carregam as diferentes espécies de alma. Essas devem ir "a certo lugar" (107*d*) sob a condução de seu demônio antes de seguir, uma vez julgadas, o caminho que leva a Hades e apresenta inúmeras bifurcações e labirintos. Retomando as imagens órficas do bom caminho, à direita, e do caminho maléfico, à esquerda, assim como a imagem das encruzilhadas nas quais a alma corre o risco de se perder, Sócrates desenvolve uma geografia infernal que descreve uma Terra inferior, na qual os homens habitam uma das concavidades. E tal como os prisioneiros da caverna se enganam sobre a realidade das sombras projetadas na parede subterrânea, os homens da concavidade da Terra imaginam que moram no alto e veem as coisas verdadeiras.

Entre todas as correntes de água, lama e fogo que se jogam no Tártaro, Sócrates isola "certo conjunto de quatro" (112e) que se opõem duas a duas em torno do lago Aquerusias. A mais importante delas, *Oceano*, descreve um circuito exterior ao reino de Hades; em frente dela, e correndo em sentido inverso, *Aqueronte* atravessa lugares "lúgubres" antes de chegar ao lago. Um terceiro rio desemboca a meio caminho dos precedentes e arrasta suas lavas lamacentas perto do mesmo lago antes de se jogar no fundo do Tártaro. Trata-se do *Pyriphlegethon*, o rio "de chamas ardentes", que faz par com o quarto rio, o Estige, ou "gelado", que Platão chama de *Cocyte*, o rio das "lamentações". Como o precedente, Cocyte não mistura suas águas ao lago Aquerusias e vai jogar-se no Tártaro, no lado oposto ao Pyriphlegethon.

As quatro correntes se respondem segundo dois eixos análogos às estradas do *Górgias*: a mais exterior, Oceano, e a mais interior, Aqueronte, no eixo vertical do mundo subterrâneo; o rio de fogo, Pyriphlegethon, e o rio de gelo, Estige/Cocyte, no eixo oposto, de um lado e outro do centro dos Infernos. Conduzidas por seu demônio, as almas vão ao encontro de seu destino ao sabor das diferentes correntes subterrâneas. Sócrates distingue então cinco categorias de almas: as almas incuráveis são precipitadas para sempre no Tártaro; as almas emendáveis são divididas em duas espécies: as que mataram friamente seguem o curso do rio gelado; as que mataram sob o impulso de uma cólera abrasadora são carregadas pelo rio de fogo; as almas piedosas voltam à superfície para viver nas ilhas dos Bem-Aventurados; enfim, as almas filosóficas ocupam as moradas mais altas e fecham o ciclo dos renascimentos astrais.

Onde Homero mencionava na *nekya* de Ulisses cinco nomes – Oceano, Aqueronte, Pyriphlegethon, Estige, Cocyte, embora somente quatro rios corram nos Infernos, Platão retoma essas mesmas correntes, mas integrando o Oceano ao grupo tetrádico e identificando o Estige e o Cocyte para conservar o número de quatro rios ligados às quatro direções do espaço, embora só três deles repartam as almas dos mortos. Essas figuras serão interpretadas como uma tétrade, se se prestar atenção às vias terrestres, fluviais e aéreas que levam as almas aos lugares de suas penas, ou como uma pêntade, se a elas se integrar o centro do qual emanam as quatro direções do universo.

O mito de Er de *A República* tem uma amplitude incomparável, pois ele se situa no centro do *cosmos* inteiro que está mergulhado em uma luz olímpica. As almas se espalham aí segundo uma figura cruciforme análoga, vindo as correntes aéreas tomar o lugar das correntes terrestres e fluviais. Após a morte, Er chega na companhia das outras almas a "um lugar extraordinário", identificado com uma "pradaria" (X, 614*e*). No centro do mundo, duas aberturas terrestres contíguas fazem frente a duas aberturas celestes correspondentes, mas invertidas. Entre essas quatro bocas, sentam-se juízes que ordenam aos justos que tomem a estrada da direita que sobe ao Céu e que forçam os pecadores a se dirigir à esquerda, para a estrada que desce aos Infernos. Ao mesmo tempo, as almas daqueles que encerraram seu ciclo de recompensas ou de punições voltam a subir dos Infernos ou descem outra vez do Paraíso. Esse lugar hierarquizado opõe, portanto, as duas estradas da direita, benéficas, que sobem dos Infernos à Pradaria e da Pradaria ao Paraíso, às duas estradas da esquerda, maléficas, que descem do Paraíso à Pradaria e da Pradaria aos Infernos.

Como Sócrates indica que esses quatro fluxos cósmicos são invertidos em razão dos movimentos ascendentes e descendentes das almas, a direita celeste faz frente à esquerda terrestre e a esquerda celeste à direita terrestre. Estamos em presença de uma figura em quiasma (χ), cujo centro é a Pradaria, que articula as cinco passagens da alma no *cosmos*: a subida ao Céu, a descida do Céu, a descida aos Infernos, a subida dos Infernos e a viagem pela Pradaria, segundo o mesmo ritmo de *anábase* e de *catábase* escandindo o mito da caverna. Como centro do mundo, a Pradaria desempenha um papel semelhante ao da encruzilhada do *Górgias* e ao do lago Aquerusias do *Fédon*, segundo uma figura em cruz que governa os ciclos da alma. É exatamente o *centro*, celeste, terrestre ou infernal, que orienta o espaço sagrado das vias de água, de terra ou de ar que se opõem duas a duas segundo um esquema idêntico. A procissão das almas desenha, assim, um sinal cruciforme que é a representação simbólica da Justiça. O mito de Er apresenta duas versões dessa figura cósmica: a primeira, de ordem ética, é a do quiasma dos quatro abismos por onde vão as almas de uma morada a outra; a segunda, de ordem astronômica, interessa-se pelos movimentos do céu e a revolução das esferas em torno do fuso de Ananke. Em ambos os casos, Platão ordena o mundo a partir de um centro único, Pradaria ou Coluna de Luz, em torno do qual se efetuam os ciclos das almas e das estrelas. O centro da figura é ocupado pela Tríade como número da Totalidade: três juízes na Pradaria do *Górgias*, três Moiras ritmando as três medidas do Tempo, aos pés da Coluna de Luz de *A República*, à qual estão amarrados os movimentos do universo.

III – A iniciação de Eros

A teoria platônica do amor não nos conduz à pradaria do Juízo Final nem à caverna obscura onde os heróis do passado se misturam com as sombras do devir, mas a um lugar sem pretensão cósmica, a casa de Agathon. *O Banquete* é composto por três partes distintas: as teorias não filosóficas do amor dos primeiros oradores, Fedro, Pausânias, Erixímaco, Aristófanes e Agathon; a concepção socrática do amor exposta pela sacerdotisa Diotima; o elogio final de Sócrates por Alcibíades. Se, para os oradores que precedem Sócrates, o amor se reduz à engendração do semelhante pelo semelhante, a esterilidade de uma concepção que Aristófanes enaltece ao máximo, com seus seres esféricos em busca da fusão perdida, é sublinhada por Diotima. O amor verdadeiro procura "engendrar e conceber na beleza" de modo que seu objeto seja finalmente a imortalidade ou "a possessão perpétua do bem" (207*a*). Se o amor é *símbolo*, ele conjuga dois seres diferentes – um visível, outro invisível –, cuja disparidade deixa adivinhar a superioridade da beleza. Enquanto a narração de Aristófanes tirava todo o mistério da sexualidade, o ensinamento de Diotima integra na sua busca amorosa a marca da transcendência.

Sócrates dá, portanto, a palavra a Diotima de Mantineia com a qual ele diz ter aprendido o que sabe em matéria de amor. Quando aquela que não fora convidada para o banquete de Agathon conta o nascimento de Eros, era para fazer aparecer outra mulher que também não fora convidada para o banquete de Afrodite. Pênia, personificação da Miséria, veio mendigar algumas migalhas do festim divino na noite do nascimento da deusa do Amor; vendo Poros, o deus da "Passagem", adormecido, a Miséria soube abusar de suas forças deitando-se sobre ele. Assim foi concebido Eros, demônio do amor, na noite do nascimento da deusa. A revelação de Diotima mostra, dessa forma, que o papel cósmico de Eros origina-se de sua dupla natureza mortal e divina. O filho de Poros e de Pênia herda do pai as múltiplas artes de "prestidigitação" que lhe permitem safar-se da miséria transmitida pela mãe. Por sua ascendência natural, o Amor é a *passagem, poros*, entre os deuses e os mortais, como entre a ciência e a ignorância. Ele é um grande demônio, pois o demônico é um estado intermediário entre o divino e o mortal que transmite aos deuses as preces dos homens e aos homens as ordens dos deuses. Ao mesmo tempo, Eros é intermediário entre o saber e a ignorância, e, como tal, filósofo, visto que somente são filósofos aqueles que se apegam ao saber que não possuem. A meio caminho entre os deuses e os homens, entre a ignorância e o conhecimento, Eros preenche o vazio entre essas quatro instâncias graças à sua função de mediação: ele é assim "o vínculo que une o todo a si mesmo" (202*e*).

Diotima aborda, então, "as coisas do amor", *ta erôtika*, a fim de iniciar Sócrates em seus mistérios. A instrução prévia preparava o postulante a ver em Eros a fonte da imortalidade; agora, trata-se de conduzi-lo pela "boa via", que leva à descoberta da Beleza absoluta. Cinco etapas, segundo uma gradação rigorosa, balizam a conversão do iniciado rumo às "verdades perfeitas e contemplativas". Num primeiro tempo, aquele que segue o caminho do amor deve amar um único belo corpo para engendrar "palavras de beleza", *logos kalous* (210*a*). Num segundo tempo, ele deverá amar "todos os belos corpos" atingindo a universalidade do belo encarnado no sensível. Na terceira etapa, ele enxergará "a beleza nas almas" (210*b*) como mais elevada que a dos corpos e conceberá justas razões levando em consideração a beleza "nas ocupações e nas leis"

(210c). Após os costumes, em uma quarta prova, o iniciado será conduzido aos "conhecimentos" da alma (210c) a fim de descobrir, por meio deles, "o oceano imenso do belo". Contemplando-o, ele poderá, então, conceber pensamentos inspirados por um inesgotável amor pela filosofia.

No fim da viagem iniciática, aquele que tiver sido conduzido a esse ápice, segundo a gradação correta das coisas do amor, perceberá subitamente, "num relance", *exaiphnés*, "uma beleza originalmente maravilhosa: aquela mesma, Sócrates, pela qual os homens tanto se atormentaram até o presente, e que, primeiramente, não nascendo nem morrendo, é eterna, não sofre nem crescimento nem diminuição; que, ademais, não é bela de um ponto de vista, feia de outro, nem bela segundo os momentos, nem bela em uma relação e feia e outra, nem bela ou feia segundo o lugar e segundo aqueles que a percebem. Ele não imaginará essa beleza com um rosto, mãos, e nada do que faz parte da natureza corpórea; ela também não é uma razão, uma ciência, nem nada que resida em outro a não ser em si mesma – por exemplo, em um vivente, uma terra, um céu... –, mas ela é em si mesma e para si mesma, na unidade formal de sua ideia, e qualquer outra beleza no universo faz parte de seu ser" (210*e*-211*b*).

O caminho reto das coisas do amor se desenvolve, então, segundo cinco níveis de uma revelação progressiva marcada pela irrupção súbita da transcendência do Belo. O iniciado elevou-se: 1/ de um único belo corpo a dois; 2/ e de dois a todos; 3/ dos belos corpos à beleza dos costumes; 4/ depois desta aos belos conhecimentos, para chegar, enfim: 5/ a "este conhecimento" que não tem outro objeto a não ser a Beleza em si mesma (211*c*). À semelhança do Amor, a meio caminho entre os homens e os deuses, o que define propriamente a atopia do filósofo, Sócrates mantém-se entre o saber e a ignorância. Ele se confunde com o invisível demônio que o detém às vezes, nesse intermédio em que toma lugar o pensamento. Porque o que se vincula ao demônio, e, portanto, à alma, não depende de uma categoria lógica para Platão. Não se pode definir o demônico, pois todo ser finito deve fixar o infinito de suas fluências e de suas contradições em uma natureza mista segundo as categorias do *Filebo*. Ora, Eros não é da ordem do ser, mas, como seu pai, da *passagem:* pura mediação, *metaxu,* entre sabedoria e ignorância, mortais e imortais, ele jamais se fixa ao fim de seu trajeto e escapa a toda determinação. Ele é antes da ordem da origem e da causa, no sentido primitivo do grego *aitia,* que sugere a exigência ética a que a alma, a qualquer momento, deve *responder.*

IV – O espelho da Atlântida

O mito do *Crítias* é construído segundo o esquema triádico tradicional de Platão. Estamos diante de três cidades: 1/ a cidade ideal, cuja épura ele e seus companheiros traçaram na véspera, relembra Sócrates no início do *Timeu;* 2/ a cópia do modelo ideal, encarnada pela antiga Atenas, devotada à justiça; 3/ a cópia dessa cópia, representada por Atlantis, que vai entrar em guerra com Atenas. A narração opõe, portanto, duas imagens da cidade em um conflito mimético simbolizado pela ordem dos metais. A Atenas arcaica ignora o uso do ouro e da prata, enquanto Atlantis vive sob o império do ouro e do oricalco de que são revestidos tanto o santuário de Posêidon como o

Palácio Real. O jogo de oposições entre as duas cidades – uma devotada à *diké* (justiça), outra à *hubris* (desmedida) – ocorre no interior desse esquema triádico da *mimesis*. Entretanto, não basta esse único esquema para explicar a *gênese* da cidade atlante e sua decadência. Um esquema pentádico vem cruzar o precedente para dar vida, alma e movimento à cidade de Atlantis que, consagrada ao mar, pelo mar perecerá.

Tendo obtido em partilha a ilha de Atlântida, Posêidon une-se a uma jovem mortal, Clito, na montanha central da ilha. Estabelece aí uma acrópole sob a forma de uma fortaleza circular feita de dois anéis de terra e três anéis de mar. A fundação da cidade, relacionada com as cinco muralhas alternadas, se verá duplicada pelos cinco muros que encerram a ilha: a grade de ouro em volta do templo; o muro de oricalco em torno da acrópole; o muro de estanho em volta da muralha interior; o muro de cobre em torno da muralha exterior, e a cinquenta estádios desta, a muralha monumental da cidade que encerra o porto. Essa distribuição quinária do espaço é refletida pela engendração das cinco linhagens de gêmeos que Posêidon terá de Clito e comanda as medidas da ilha inteira. O deus dará seus nomes aos dez filhos, começando pelo primogênito, Atlas, que recebe o nome da ilha Atlântida e do mar Atlântico. A duplicação da Atlântida será perfeita com o duplo nascimento dos primeiros irmãos, os dois nomes do gêmeo de Atlas, as duas línguas grega e atlante, e as duas partes da ilha.

O engendramento das cinco linhagens de reis multiplica o eco do cinco nas medidas da ilha. A montanha encontra-se a cinquenta estádios do meio da planície; a ilhota de Posêidon, com seu templo e o Palácio Real, possui um diâmetro de cinco estádios e está separada do mar pelos cinco anéis de terra e de água e os cinco muros; a muralha circular que envolve os portos da ilha está situada a cinquenta estádios da maior muralha; enfim, a extensão de cada um dos cantões da ilha é de dez estádios por dez (113*c*-119*a*). Todos os números relacionados a Posêidon são regidos pela imparidade da pêntade, princípio do bem; todos os números que dependem de Clito, relacionada à feminidade do par, substituem pela díade ou pela héxade, princípio de indeterminação, o número ímpar. A mistura confusa do cinco e do seis, do divino e do mortal, evoca a mistura do *peras* e do *apeiron* comprovada pela repartição desequilibrada dos muros em torno do santuário. Sendo a terra para Platão o elemento privilegiado, destinado à determinação do finito (*peras*), seria de esperar que ela estivesse ligada ao número ímpar, medida do limite, e que prevalecesse sobre o mar, símbolo da dissolução do *apeiron*. Ora, Posêidon fabrica três anéis de mar e dois de terra, atribuindo a imparidade ao *ilimitado* e a paridade ao *limite*, o que é um erro simbólico cujo preço a Atlântida deverá pagar.

Paralelamente, os reis atlantes se reúnem para deliberar ao fim de cinco anos ou ao fim de seis anos, confundindo, assim, a paridade com a imparidade. Essa hesitação entre o par e o ímpar, o humano e o divino, é engendrada na origem pela união de Posêidon e Clito. É um ensinamento constante de Platão que o divino não se pode misturar ao humano, do mesmo modo que o inteligível está separado do sensível. A responsabilidade pela desordem, tornada evidente pela perversão das instituições atlantes, provém do vínculo privado de harmonia, no centro da ilha, entre o ímpar e o par, entre o *peras* e o *apeiron*, entre o homem divino e a mulher mortal. A estrutura da Atlântida é, portanto, a da dominação do *apeiron* que repercute no reino de Posêidon, ao contrário da Atenas primitiva, consagrada a Atena, deusa do limite.

A dualidade nefasta é simbolizada na acrópole atlante pela aparição de duas nascentes, quente e fria, que brotam no lugar em que Posêidon se uniu a Clito. Na Atenas arcaica, em contrapartida, havia uma nascente única nos arredores da Acrópole que fornecia uma água de temperatura igual no inverno e no verão. O contraste das nascentes evoca o conflito de Atena e Posêidon pela posse da terra ática. O deus do mar fizera surgir uma nascente de água salgada ao bater no chão da Acrópole, mas os atenienses atribuíram a vitória a Atena, que lhes oferecera a oliveira. O mito de Platão transpõe, portanto, a luta política de Atena e Posêidon para a ordem cósmica pondo em evidência o poder de ilimitação da díade. Ele é simbolizado pela água da dupla nascente que irriga a cidade atlante, pelos portos amplamente abertos para o mar e pelos canais que cercam com seus três anéis de mar os dois anéis de terra da Acrópole; a antiga Atenas, ao contrário, não tem portos nem marinha e permanece ancorada na terra, figura elementar do *peras*, que a nascente única e a oliveira da deusa simbolizam.

O nascimento dos reis atlantes é testemunha dessa desunião com o aparecimento de gêmeos que se renovará quatro vezes. Aí se situa o equívoco da Atlântida: um único rei deve reinar para permanecer fiel a Posêidon, enquanto dois irmãos nascem de uma única fecundação. Compreende-se a razão da ausência de mulheres nas linhagens reais: o princípio divino, monádico, masculino, se exprime pelo ímpar; o princípio humano, diádico, feminino, pelo par, em conformidade com a tradição pitagórica. A natureza do deus imortal prevalece com o nascimento de filhos varões que asseguram a linhagem real e pelo número pentádico vinculado à periodicidade cósmica; a natureza da mulher mortal se manifesta pela dualidade dos gêmeos, que é um fator de divisão. Não tendo irmãs, os reis atlantes se unirão a uma mortal e gerarão filhos cuja natureza divina se empobrecerá pouco a pouco.

O Cinco, impresso no espaço e no tempo de Atlantis, desenha a teofania de Posêidon a partir da ilhota onde o deus celebrou seu hímen. Protegendo o lugar inviolável por uma grade de ouro, o mito tenta salvar o princípio genealógico que tira o mundo do esquecimento. Assim, enquanto dominou neles "a natureza do deus" e o "fundamento divino de seu parentesco" (120e), os atlantes praticaram a justiça. "Mas quando veio a empalidecer neles, por ter sido misturado, e muitas vezes, com muito elemento mortal, o quinhão que eles mantinham do deus", ou seja, a substituição pelo número materno, seis, do número paterno, cinco, o caráter humano apagou pouco a pouco a linhagem divina. Mistura confusa de ouro com oricalco, de humano com divino, de pêntade com héxade, Atlantis é o simulacro da cidade justa que será engolida no fim do ciclo pelo "oceano infinito" da dessemelhança (*Político*, 273d). O desaparecimento da ilha em um abismo de sal consagrado aos fantasmas de morte está ligado à suspensão da palavra do deus. Quando os atlantes se mostraram incapazes de permanecer fiéis à sua origem, Zeus fez vir todos os deuses "ao centro do mundo", a essa *origem* do universo que Filolau chamava "a Torre de Zeus" e onde irradia a luz invisível do dodecaedro para Platão. E fez afundar a Atlântida sem uma palavra.

Conclusão

Exodos

Esta interpretação da estrutura pentádica do pensamento platônico não pretende revelar uma doutrina secreta como aquela que procuraram reconstituir Hans Joachim Kramer e Konrad Gaiser (Richard, 1986). A despeito do testemunho de Aristóteles sobre os *agrapha dogmata* de seu mestre, da história de Aristóxeno de Tarento a respeito da lição de Platão sobre o Bem, ou dos textos do *Fedro* e da *Sétima carta,* talvez não seja possível reconstituir uma hierarquia dos princípios do universo platônico segundo uma matematização de sua ontologia. O Uno-Bem comandaria os Números ideais da Dezena, depois as Ideias singulares ligadas às divisões dos gêneros até a espécie indivisível; a Alma do mundo e as almas particulares efetuariam, em seguida, a mediação entre o inteligível e o sensível dominando o mundo dos corpos particulares e a matéria informe do *apeiron*.

Pode-se, entretanto, arriscar uma hipótese mais comedida. O ensinamento de Platão, de ordem oral ou de ordem escrita, mas tal como é conhecido por nós nos textos conservados, estaria dissimulado nos diálogos pelos diferentes registros de sua escrita, dramática, mítica e dialética. O discípulo de Sócrates expressou as maiores reservas sobre o "simulacro", *eidôlon*, dos caracteres escritos que difundem sobre "os mais altos princípios da natureza" (*Sétima carta*, 344d) uma sabedoria àqueles que não estão prontos para recebê-la; a verdadeira doutrina encontra-se não nos livros que são tão efêmeros quanto os jardins de Adônis, mas na alma, "o mais belo lugar" do homem que se consagra à filosofia (344c). Platão pôde, portanto, transmitir um ensinamento reservado àqueles que faziam o esforço de procurá-lo, deixando aflorar à superfície dos textos um sentido que se revela somente à meditação.

É preciso supor que a escrita de Platão, oriunda de seu ensinamento oral e de seus diálogos, contém uma ontologia implícita, que é tarefa do intérprete depreender e, na medida do possível, *viver*. O caminhar da alma, quer ele tome a via mítica ou a via dialética, arrebatado por sua parelha alada ou parado em seu diálogo silencioso, parece seguir o ritmo quinário inscrito, com a mistura do demiurgo, no próprio *cosmos*, e antes dele, na comunidade das formas inteligíveis. Filosofar hoje seria, então, tomar um desses caminhos que, a despeito de sua diversidade, levam todos ao ser e nos permitem voltar para casa.

Whitehead afirmava que a tradição filosófica da Europa não era senão uma série de notas de rodapé das páginas de Platão. Ele reencontrava aí o motivo central do platonismo que reduz todos os elementos singulares da realidade à forma única que faz deles o que são. Borges bordará uma infinidade de variações sobre esse tema sustentando que todos os homens, na vertigem do coito, são o mesmo homem, ou que todos os homens que repetem o texto de Shakespeare *são* William Shakespeare. Não haveria, assim, senão um único homem, e um único filósofo, Sócrates, por meio da escrita de Platão, ou Platão, por meio da imagem de Sócrates. Pode-se dar outro indício. Se a sentença de Coleridge, segundo a qual todos os homens nascem aristotélicos ou platônicos, for verdadeira, ela implica que o próprio Aristóteles, como gênero, é um gênero platônico, visto que pensamos sua individualidade por meio da espécie; nesse caso, como a imagem arquetípica do filósofo. O argumento do *primeiro homem* substitui aqui o argumento do *terceiro homem*. Quando Keats descobriu, em uma noite de abril, que não havia nenhuma diferença entre o efêmero rouxinol daquela noite e o rouxinol essencial de todas as noites, reconheceu o rouxinol platônico, que faz ouvir o mesmo canto eterno. A ideia do *rouxinol* é o canto de todos os rouxinóis, a ideia do *homem* é a dignidade de todos os homens, e a ideia do *filósofo* é o pensamento de todos os filósofos. Jamais há, no teatro do mundo, senão uma única cena, e um único protagonista: a tragédia da existência já estava escrita na caverna com seu ator solitário. No fundo, todos nós sabemos disso. Abrindo um livro de filósofo, desenrolamos o palimpsesto da memória e reavivamos a cada vez os traços apagados do prisioneiro da caverna.

Referências bibliográficas

Obras

PLATONIS OPERA. Oxford: Oxford University Press, 1900-1907.
ŒUVRES COMPLÈTES. Paris: Les Belles Lettres, 1920-1989.
ŒUVRES COMPLÈTES. Trad. L. Robin. Paris: Gallimard, 1940-1942.
ŒUVRES COMPLÈTES. P. Diversos tradutores. Paris: Flammarion-GF, 1987 e ss.
BRANDWOOD L. *A Word Index to Plato*. Leeds: W. S. Money & Son, 1976.
BRISSON L., Plin F. *Plato's Bibliography, 1950-2000*. Paris: Vrin, 2001. (CD-ROM).
CHERNISS H. *Plato's Bibliography, 1950-1957*. Lustrum, 1959.

Comentários

BRAGUE, R. *Le restant*: supplément aux commentaires du Ménon de Platon. Paris: Vrin-Les Belles Lettres, 1978.

BRAGUE, R. Pour en finir avec "le temps, image mobile de l'éternité". In: BRAGUE, R. *Du temps chez Platon et Aristote*. Paris: PUF, 1982.

BRISSON, L. *Le Même et l'Autre dans la structure ontologique du* Timée *de Platon*. Paris: Klincksieck, 1974.

BRISSON, L. *Platon, les mots et les mythes*. Paris: Maspero, 1982, 1994.

BROCHARD, V. Les mythes dans la philosophie de Platon. *L'Année philosophique*, n.11, 1901, retomado em *Études de philosophie ancienne et de philosophie moderne*. Paris: Alcan, 1912.

BRUMBAUGH, S. *Plato's Mathematical Imagination*. Bloomington: Indiana University Press, 1964.

CORNFORD, F. M. *Plato's Cosmology*. Londres, 1937.

COUTURAT, L. *De Platonicis mythis*. Paris: Alcan, 1896.

DENKINGER, M. L'énigme du nombre de Platon et la loi des dispositifs de M. Diès. *Revue des études grecques (Paris)*, n.68, 1955.

DERRIDA, J. Chôra. *Poikilia*: études offertes à Jean-Pierre Vernant. Paris: EHESS, 1987, retomado com algumas modificações em *Khôra*. Paris: Galilée, 1993.

DIÈS, A. *Autour de Platon*, Paris: Gabriel Beauchesne, 1926.

DIÈS, A. *Le nombre de Platon*: essai d'exégèse et d'histoire. Paris: Klincksieck, 1936.

DIXSAUT, M. *Le naturel philosophe*: essai sur les dialogues de Platon. Paris: Les Belles Lettres, 1985.

FESTUGIÈRE, A. J. *Contemplation et vie contemplative chez Platon*. Paris: Vrin, 1936.

FRIEDLÄNDER, P. *Platon I*: Eidos, Paideia, Dialogos. Berlim-Leipzig: De Gruyter, 1928-1930.

FRUTIGER P. *Les mythes de Platon*. Paris: Alcan, 1930 [reimp. Nova York: Arno Press, 1976].

GAISER, K. *Platons ungeschriebene Lehre*. Stuttgart, 1963.

GOLDSCHMIDT, V. *Les dialogues de Platon*. Paris: PUF, 1947.

GOLDSCHMIDT, V. *Le paradigme dans la dialectique platonicienne*. Paris: PUF, 1947.

JACQUES, F. Dialogue et dialogique chez Platon. In: MATTÉI, J.-F. (Org.) *La naissance de la Raison en Grèce*. Paris: PUF, 1990.

JOLY, H. *Le renversement platonicien*: Logos, Épistèmè, Polis. Paris: Vrin, 1974.

KRÄMER, H. J. *Arete bei Platon und Aristoteles*. Heidelberg: C. Winter, 1959.

KUCHARSKI, P. *Les chemins du savoir dans les derniers dialogues de Platon*. Paris: PUF, 1949.

KUCHARSKI, P. *Étude sur la doctrine pythagoricienne de la tétrade*. Paris: PUF, 1952.

LACHELIER, J. Note sur le *Philèbe*, Revue de métaphysique et de morale, 1902.

LAFRANCE, Y. *La théorie platonicienne de la doxa*. Montreal-Paris: Bellarmin-Les Belles Lettres, 1981.

MARTIN, T. H. *Études sur le* Timée *de Platon*. Paris: 1841. 2v. [reimp. Paris: Vrin, 1981], com um prefácio de Rémi Brague.

MATTÉI, J.-F. *L'étranger et le simulacre*. Paris: PUF, 1983.

MATTÉI, J.-F. *Platon et le miroir du mythe*. Paris: PUF, 2002.

MOREAU, J. *La construction de l'idéalisme platonicien*. Paris: PUF, 1939.

MUGLER, Ch. *La physique de Platon*. Paris: Klincksieck, 1960.

MUGLER, Ch. *Platon et la recherche mathématique de son époque*. Estrasburgo-Zurique: P. H. Heitz, 1948.

REINHARDT, K. *Platons Mythen*. Bonn: Cohen, 1927.

RICHARD, M.-D. *L'enseignement oral de Platon*. Paris: Cerf, 1986.

ROBIN L. *La théorie platonicienne des Idées et des Nombres d'après Aristote*. Paris: F. Alcan, 1963.

ROBIN, L. *Les rapports de l'être et de la connaissance d'après Platon* [Curso da Sorbonne, 1932-1933]. Paris: PUF, 1957.

ROSEN, St. *Plato's Sophist*. New Haven: Yale University Press, 1983.

SCHAERER, R. *La question platonicienne*: étude sur les rapports de la pensée et de l'expression dans les Dialogues. Paris: Vrin, 1969.

SCHUHL, P.-M. *La fabulation platonicienne*. Paris: Vrin, 1968.

TAYLOR, A. E. *A Commentary on Plato's*. Timaeus: Oxford, 1928.

VIDAL-NAQUET, P. Athènes et l'Atlantide. *Revue des études grecques*. Paris, n.77, 1964.

VIDAL-NAQUET, P. Le mythe platonicien du *Politique*. In: VIDAL-NAQUET, P. *Le chasseur noir*. Paris: La Découverte, 1991.

WAHL, J. *Étude sur le* Parménide *de Platon*. Paris: F. Rieder, 1926.

SOBRE O LIVRO

Formato: 12 x 21 cm
Mancha: 19 x 39,5 paicas
Tipografia: Iowan Old Style 12/17
Papel: Pólen 80 g/m² (miolo)
Cartão Supremo 250 g/m² (capa)
1ª edição: 2010

EQUIPE DE REALIZAÇÃO

Capa
Estúdio Bogari

Edição de Texto
Cícero Oliveira (Copidesque)
Letícia Scarp (Preparação de texto)
Ana Lucia Sant'Ana dos Santos (Revisão)

Editoração Eletrônica
Sergio Gzeschnik (Diagramação)

Impressão e Acabamento

FARBE DRUCK
gráfica e editora ltda.